D1859487

डॉ. सिताबो बाई

डॉ. सिताबो बाई

आशा सिंह

GenNext Publication

डॉ. सिताबो बाई

ISBN : 978-93-8022-351-3

भारत सन् 2019 में प्रकाशित

जेन्नेकस्ट पब्लिकेशन

5, अंसारी रोड, दरियागंज,

नई दिल्ली-110002

Phone: 9811692060

ई-मेल: gennextpublication@hotmail.com

मुद्रित: जी. प्रिंट प्रोसेस, दिल्ली

महामना मदन मोहन मालवीय जी

भूमिका

कुछ दिनों पूर्व मेरा पुत्र अंशुमान अस्पताल में था। रात को मैं उसे कहानियाँ सुनाया करती थी। एक दिन डॉ. सिताबों बाई के बारे में मैंने उसे बताया। वह आश्चर्य चकित हो उठा, ''माँ यह सच है? उस युग में इतनी संघर्ष शील महिला।

उसके कहने पर मैंने लिखना प्रारंभ किया पर मेरे पास कोई प्रमाण नहीं था।। बड़ी मुश्किलों से रद्दी के ढेर से कुछ प्रमाण मिले, कुछ गूगल से ढूंढ़े। बी.एच.यू. से भी प्रमाण नहीं प्राप्त कर सकी।

जो कुछ भी मैंने पुराने कागजों में ढूंढा, वह आपके समक्ष प्रस्तुत है।

प्रस्तावना

महामना मानवीय जी ने चुन-चुन कर हीरे चुने और उसे बनारस हिन्दू विश्वविद्यालय के मुकुट में जुड़े, तभी तो विश्वविद्यालय हर क्षेत्र में अग्रणी हुआ।

एक धूल में लिपटा हुआ छोटा सा हीरा चुना डा० सिताबो बाई। परिवार वालों के दुर्व्यवहार से दुःखी डाक्टर का महिला छात्रावास का आफिस सुपरिटेन्डेंट नियुक्त किया। उस नारी के संघर्ष से वे परिचित थे। मृत्यु पर्यन्त तक साथ रहा। उनको सम्मान से 'माता' जी कहते थे।

इतिहास के पन्नों से ढूंढ कर मैंने इस अनजाने चरित्र को लिखा। क्योंकि वे कहीं खो गयी थीं। उनके संघर्षों की कथा लिखी। महामना के इस हीरे की कनी को मेरा श्रद्धा सुमन, जो लिख कर प्रस्तुत किया है। इसमें मेरे भाइयों ठा० गोपाल नारायण सिंह, आनंद सिंह और सुशील सिंह ने सहायता की। डा० उर्मिला कुशवाह ने मेडिकल संबधी विषय में सहायता की उनका आभार।

पुराना बनारस

डॉ. सिताबो बाई

गुलामी झेलते-झेलते सदियाँ बीत गयीं। 1857 से 1947 तक ब्रिटिश हुकूमत रही। देश के प्रथम स्वतंत्रता संग्राम के बाद से ही देशवासियों में स्वतंत्रता की लहर हिलोरें लेने लग गयी। पढ़े-लिखे नवयुवक आजादी की बात करने लगे। जैसे-जैसे शिक्षा, का प्रसार बढ़ने लगा चेतना जाग्रत होने लगी। कांग्रेस सबसे बड़ी पार्टी बन चुकी थी। महात्मा गांधी के आवाह्न पर नर-नारी तथा हर धर्म के लोग स्वतंत्रता की मशाल लेकर चल दिए।

पर गाँवों में अशिक्षा, अंधविश्वास का गहरा अंधकार छाया था। स्त्री चेतना जाग्रत नहीं हुई थी, ऊपर से नारी ही नारी पर अत्याचार करती। कोई महिला आकर ज्ञान की ज्योति प्रज्वलित कराती तो ढेरों महिलायें उसे बुझाने में लग जाती। फिर भी कुछ दिए ऐसे भी थे उन्हें आंधी-तूफान बुझा नहीं सके, जीवन पर्यत्न जलते रहे और दूसरों को भी प्रकाशित करते रहे। अन्य नारियों की पथ पदर्शक बनी।

उत्तर प्रदेश उस समय संयुक्त प्रांत के नाम से जाना जाता था। उसमें जिला बनारस शहरों में शहर बनारस। मिथिकों का शहर बनारस कहते हैं कि भगवान शंकर के त्रिशूल पर टिका है। विश्व का सबसे प्राचीन नगर, हिन्दुओं की मोक्ष स्थली। हिन्दू धर्म की कुरीतियों पर भी चोट करने वाले बनारस के ही बुद्ध, कबीर और

रविदास की कर्म स्थली बनारस। कबीर चौरा भी यहीं, लहर तारा भी और मणिकर्णिका घाट यहीं पर। मोक्षदायिनी गंगा बहकर जाने कितनों का कल्याण करती है।

कबीर जी के बारे में आज तक नहीं पता चला कि वे हिन्दू थे या मुसलमान, हिन्दू, मुस्लिम वहाँ जाकर एकात्म हो जाते हैं:-

कबीरा खड़ा बाजार में, सबकी मांगे खैर।
न काहू से दोस्ती न काहू से बैर।।

शवों और वैष्णवों की दूरियाँ कम करने के लिए गोस्वामी तुलसीदास ने यहीं पर रामचरित मानस की रचना की थी। जातियों का भेदभाव मिटाने के लिए रामलीला प्रारंभ की थी। केवट की नौका, शबरी के झूठे बेर, प्रभु राम सबके हैं।

बनारस में शंख और घण्टे गूंजते रहते हैं वहीं बौद्धों की "बुद्धम् शरणं गच्छामि" भी प्रति ध्वनित होती है। गिरिजा देवी का मधुर स्वर और बिसमिल्लाह खान की शहनाई भी। वहीं किसन महाराज के तबले की थाप है। बजरे में नाचते-गाते लोग भी गंगा जी पर दिख जाते हैं। भारतेन्दु हरिश्चन्द की कहानी-उपन्यासों की बात करें या नाटकों की। बेनिया पार्क में घूमते हुए प्रेमचन्द और प्रसाद जी के ठहाके आज भी गूंज रहे हैं।

जितनी भी हिन्दू धर्म की बेड़ियां काटी जाती उतनी ही नयी तैयार हो जाती। काशी की प्रसिद्ध कहावत है रॉड़, सांड, सीढ़ी, सन्यासी, इनसे बचे तो सेवे काशी, पर इनकी संख्या काशी में बहुत ज्यादा है इनसे बच पाना असंभव है। गलियों में शिव जी के नंदी विचरते हैं। घाटों में दूर तक गई सीढ़ियाँ, और यत्र-तत्र विचरण करते संन्यासी, भिक्षा मांगती विधवायें। राजा राम मोहन राय ने उन्हें जलती चिता में भस्म होने से तो बचा लिया पर वे परिवारजनों के

कारण तिल-तिल कर मरने के लिए विवश छोड़ दी गयीं। शिव की नगरी काशी धर्म-कर्म और मोक्ष की नगरी कही जाती है। काशी को विद्या, कला और साधना का गौरव प्राप्त है। काशी के घाट गंगा के मुहाने पर बसे इस शहर की छटा को निखारने वाले सौ से अधिक पक्के घाट, पूरी नगरी को धनुषाकार स्वरुप प्रदान करते हैं। प्रातःकाल सूर्योदय के समय सारे घाट सूर्य के प्रकाश से चमक उठते हैं। हर हर गंगे, के नाद से गूंज उठते हैं। लोग स्नान कर बाबा विश्वनाथ का दर्शन करते हैं।

हिन्दू धर्म में काशी विश्वनाथ का अत्यधिक महत्व है। कहते हैं जिस स्थान पर ज्योर्तिलिंग स्थापित है, वह जगह लोप नहीं होती, जस का तस रहती है। यह भी प्रसिद्ध है कि जो यहाँ आकर भगवान शिव का पूजन और दर्शन करते हैं, उन्हे पापों से मुक्ति मिल जाती है। काशी विश्वनाथ मन्दिर अति प्राचीन है। मन्दिर के शिखर पर स्वर्ण लेपन है जिसे महाराजा रंजीत सिंह ने करवाया था। मन्दिर के अंदर चिकने काले पत्थर से बना शिवलिंग है। मतस्य पुराण के अनुसार भगवान शिव ने माता पार्वती को बताया था "मैं इस स्थान को कभी नहीं त्यागता" इसलिए इस क्षेत्र को अविमुक्त क्षेत्र कहते हैं।

बनारस के पियरी कलां मोहल्ला में बाबू राम प्रसाद के यहाँ कन्या का जन्म हुआ। भाद्र कृष्ण पक्ष षष्ठी सम्वत् 1925 विक्रमी का दिन था। उनसे बड़ी बहन और भाई था। बच्ची का नाम सिताबो उर्फ सीता रखा गया। भाई पढ़-लिखकर मध्य प्रदेश में शिक्षा विभाग में लग गए। दो-दो बहनों का बोझ पत्नी हमेशा चिड़चिड़ाती रहती। बड़ी बहिन का किसी भांति विवाह कर दिया पर वह शीघ्र ही विधवा होकर मायके लौट आई।

अब सीता की चिन्ता माता-पिता को खाए जाती सिताबो एक दम चकाचक गौर वर्ण की चंचल बालिका थी, पढ़ने में कुशाग्र। माँ भाभी बैरन पर पिता और भाई बढ़ावा देते जो पढ़ रही है पढ़ने दो।

उस समय कन्या को पढ़ाना दोष था। सास-बहू कहती दोनों की मति मारी गयी है। अब पढ़ी-लिखी लड़की के लिए होनहार वर कहाँ से मिलेगा ? बहुत पढ़ लिया। चौथी जमात पास कर ली अब क्या बी०ए० करेगी। भाई कहते उसे तो छात्रवृत्ति मिलती है। कितनी होनहार है। कौन सा उसकी पढ़ाई पर खर्च होता है। माता क्रुद्ध होकर बोल बैंठी घोर कलियुग है। लड़कियाँ नौकरी करेंगी। लड़के घर में बैठेंगे। बबुआ तुम उल्टी गंगा न बहाओ।

बिल्ली के भाग्य से छींका टूटा। बहूरानी के दूर के रिश्ते की चाची महाकाल के दर्शन करने उज्जैन आ गयीं। अब इतनी दूर आई हैं तो सारे रिश्तेदारों से मिल लिया जाए। फिर जाने कब भेंट हो। जिंदगानी का कोई ठिकाना नहीं।

अतिथि कौन से पूछ कर आते हैं। अपनी दूर की भतीजी के यहाँ पधार गयी। माता को बुरा लगा। हाथ झुलाए आई हैं इतना भी न हुआ कि पव्वा भर बताशा लेकर आतीं पर सामने कुछ न बोलीं। स्वागत सत्कार हुआ। आखिर बहू के मायके की चाहे दो मील दूर का फासला था। अब चाची इतनी दूर रेलगाड़ी से आई थी कुछ दिनों तक रहना तो बनता था।

अकेले में भतीजी से फुसफुसाई 'अरे! एक ननद आकर बैठी है दूसरी को क्या पढ़ा-लिखा कर कलक्टर बनाओगी। भैया की आमदनी में कितना खर्चा कराती हो' चिड़िया ने चिड़िया को देख रंग बदल लिया- हम का करें चाची कोई हमारी सुनता नहीं हमारे भी तीन-तीन बच्चे हैं।

दूसरों के घर के छेद देखने में कितना आनंद आता है। चाची बड़ी सगी बन बैठीं। बिटिया सीता का ब्याह करवा दो। बहू ने सांस भरी– 'अब चाची हम तो गाँव द्वार से इतनी दूर हैं कैसे लड़का ढूंढे। उनको तो इतनी सी फुर्सत नहीं है।'

चाची ने ब्याह कराने का ठेका ले लिया। सलाह तो मुफ्त में मिल जाती है। अम्मा को भी अच्छा लगा। चाची हांक तो चुकी थीं अब दिमाग के घोड़े दौड़ाने लगी। अपने पड़ोस के गाँव कादीपुर का ध्यान आया। उनकी सखी के बेटे ब्याहने योग्य थे। अलबत्ता कुछ करते धरते नहीं थे। पढ़ाई के नाम पर 'लिख लोढ़ा पढ़ पत्थर।'

कादीपुर ग्राम बनारस से लगभग 20 मील की दूरी पर था। अधिकतर कृषि और बागवानी पर निर्भर था। नींबू के बाग आसानी से साल भर का खर्चा दे देते हैं। उसी में ठेके से इतनी आमदनी होती कि एक परिवार का खर्च साल भर चल जाये। सबसे मजबूत परिवार ठाकुर देवी सिंह के थे। तीन–तीन पुत्र जिन पर बहुत घमंड था। पता नहीं कैसे कन्या भी छिटक कर चली आई। बहुत दुख मनाया गया ठाकुर साहब ने मुंह ऐसे लटका लिया जैसे गमी हो गयी हो उनके मित्र पं० बलदेव शास्त्री ने बताया 'ठाकुर साहब कन्यादान सबसे बड़ा दान होता है।'

तब जाकर उस कन्या के प्राण बचे। वरना उसे भी नमक चटा कर विदा कर दिया जाता। सारे पुत्र गौर वर्ण के लम्बे बलिष्ठ युवक हुए। उनके शारीरिक विकास पर जितना ध्यान अम्मा देती, उतना ध्यान पढ़ाई पर नहीं। बचवा खूब दूध घी खाओ। शरीर बनाओ। पढ़ाई लिखाई का क्या। दिमाग कमजोर हो जाएगा। आंखों पर चश्मा लग जाएगा। शरीर बनाओ। लड़के यही करते। ज्यादा होता तो अखाड़े में दंड पेलते।

अचानक ब्रजपात हो गया। ठा० देवीसिंह छोटी सी बीमारी में चल बसे। किसी ने अस्पताल ले जाना आवश्यक न समझा। बस ओझा जी झाड़ू फूंक करते रहे। बूढ़ी माता पर पूरे परिवार की जिम्मेदारी आ गयी। पूरा पहाड़ उन पर टूट पड़ा। लड़कों ने अपनी जिम्मेदारी नहीं समझी थी। सब मस्त मौला। समय पर रोटी कलेवा, थोड़ी दण्ड बैठक, बाकी समय ताश फेंटना। तीनों जिम्मेदारी से दूर भागने वाले। लोग अम्मा जी को समझाते ब्याह कर दो लड़कन का। जिम्मेवारी सिर पर पड़ी तो आप ही संभल जायेंगे। कितना सस्ता सरल उपाय है। सलाह देने वाले हर स्थान पर हाजिर हैं। अम्मा सारे रिश्तेदारों के हाथ-पांव जोड़ने लगी किसी प्रकार हमारे बेटवा का ब्याह करवा दो। सीता की भाभी की चाची ठकुराइन की परम सखी थी। जबलपुर में भी खूब आवभगत करवा कर बनारस लौटी। बड़े जोर-शोर से अपनी सखी के घर पधारी। आते ही बढ़िया हलुवा का आदेश दिया देसी घी से तर।

ठकुराइन हलवा बनाती जा रही और पूछती जा रही और बहन कुछ बोला, चाची मुस्कुराती रही जब हलुआ का भोग चढ़ गया, साड़ी से मुंह पोंछ कर बोली- अरे! मिठाई खिलाओ, हम बड़के बबुआ का ब्याह तय कर आये हैं।

बड़के बबुआ इन्द्रजीत सिंह बड़े प्रसन्न। चाची ने कन्या की तारीफ में पुल बांध दिए। घर पर एक सेर देसी घी पांच सेर गुड़ की भेली पहुंच गई। यह तो शुरुआत थी। भाई गजोधर सिंह आकर बरच्छा कर गए। स्वस्थ शरीर के इन्द्रजीत सिंह से मिल कर प्रसन्न हुए। खेती बाड़ी अच्छी है घर भी पक्का है। सामने से पक्का था पीछे कच्चा। गाँवों में मेहमान बाहर ही ठहरते हैं। वहीं खटिया बिछी रहती है। बैठका चमाचम था। गाँव है तो क्या हुआ, सीता राज करेगी। मन ही मन भाई ने सोचा। रहन-सहन देखकर बिल्कुल न

लगा कि वे शिक्षा से दूर हैं। पंडित बलदेव शास्त्री पधारे, सवा रुपया दक्षिणा लेकर शीघ्र ही विवाह की तारीख तय कर दी। अब अंदर से फुस-फुस प्रारंभ हो गयी। कितना तिलक चढ़ेगा। पर ठकुराइन सब को चुप करा दी, पढ़े लिखे मनई है, अपना सोच विचार कर करेंगे। मन ही मन कामना कर रही थी। हे! भगवान कोई मक्खी न छींके। किसी तरह इन्द्रजीत को मेंहदी तो लगे। एक को हल्दी लगेगी तो छोटे भाइयों का भी नम्बर लग जाएगा। उनकी सहेली ने पहले ही बता दिया था कि दान-दहेज की आशा न करना। भाई पर ही सारा भार है। ठकुराइन बोली 'हमें कुछ न चाही।' बस दो गांठ हल्दी और एक पियरी बहुत है।

सखी यह बात दबा गयी कि सिताबो चार जमात पास है। उधर कन्या पक्ष को भी नहीं बताया कि इन्द्रजीत अगूंठा छाप है। यही तो बिचौलिये की भूमिका होती है। दोनों ओर उपहार बाद में लात जूता का व्यवहार। गजोधर सिंह अपने परिवार के साथ बनारस आ गए अपनी पितृ भूमि माधोपुर पहुंच गए। चाचा-चाची मुख से कुछ न बोले पर उन लोगों को अच्छा न लगा। इतने वर्षों से जमीन पर खेती कर रहे थे, घर-द्वार संभाल रहे थे। अब ये लोग आ गए हिसाब मांगने। गजोधर जानते थे कि वे भी बराबर के पट्टी दार हैं। पर गाँव में जिसकी लाठी उसकी भैंस। उनको लगता है शहर वाले मजा कर रहे हैं। लाखों कमाते हैं। अब गजोधर क्या बतायें- हर वस्तु तो खरीद कर आती है। आपकी तरह खेत से नहीं आती। नगर वासियों को लगता है गाँव वाले मजे कर रहे हैं साग-सब्जी, अनाज-पानी सब घर का। यहाँ तो सेर भर दूध खरीदो आमदनी का कितना हिस्सा लग जाता है। गाँव में जिसे देखो वह सेर भर दूध डकार जाता है। गहरी सांस लेकर रह गए। चाचा को 500 रुपये थमाये, चाचा आप बड़े खर्चे संभाल लीजिए उस युग में 500 रुपये बहुत होते थे। चाची

पीछे से खांसी, चाचा बोले बचवा इतने में का होई? चलो कोशिश करते है।

सिताबो की अम्मा मन ही मन अपने देवर को गरियाई-इतने दिनों हमरी जमीन का खा रहे हो उसका क्या ? गजोधर शांत प्रिय थे उन्होंने अम्मा और पत्नी को बरज दिया। हम शादी करने आए हैं कोई टण्टा नहीं, तिथि के अनुसार तिलक चढ़ा। इक्वान रुपये थाल और कपड़ा। थोड़े फल-मेवा और मिठाई भी। ठकुराइन अम्मा बहुत चतुर थी इससे पहले कि पट्टीदार देखें, कीड़े निकाले, चुपचाप सामान नाऊ ठाकुर द्वारा कोठरी में रखवा दिया। महिलायें अवश्य चाँय-चाँय कर रही थी। पर ठकुराइन अम्मा व्यस्तता का ढोंग करती सबको खिलाने-पिलाने में लग गयीं। चाचा ने लौट कर हिसाब जोड़ा- बोले देखो भइया अब शादी में कलिया भात नहीं हो सकेगा बस पूरी सब्जी। बड़े भाई भी गोश्त के पक्ष में नहीं थे। दूसरे दिन कच्ची रसोई चावल-दाल, कढ़ी का इतंजाम किया गया। समय पर बारात आ गई। सिताबो की अम्मा ने परछन करते समय पहली बार दूल्हे को देखा, प्रसन्न हो गयी, कितनी सुन्दर राम सीता की जोड़ी है। बहुत सुन्दर वर है। भाभी सबसे बधाइयाँ लेती फिर रही थीं। मंत्रोचार के बीच विवाह संपन्न हुआ। गाँव भर की महिलायें व्रत रहीं उन्होंने वर-कन्या के पाँव पूजे। अधिकतर महिलाओं ने एक रुपया देकर पाँव पूजे। बाबू राम प्रसाद जी ने कन्या दान किया। सुबह जेवनार हुआ। जिसमें पत्तलों पर दाल-भात कढ़ी परोसे गए। इन्द्रजीत के चाचा ने भृकटि टेढ़ी की क्या बकरा नहीं बना है। गजोधर ने हाथ जोड़ कर कहा हमारे यहाँ नहीं चलता। वर के फूफा नाराज होकर उठ गए। बहुत लोग चिरौरी विनती करे तब माने। वह विवाह कब संपन्न हो पाता है जिसमें मुँह न फुलाया जाय। आखिर फूफा और जीजा इसीलिए न्यौते जाते हैं। रात को महफिल सजी बनारस से आए

भांडों ने अपना कौशल प्रस्तुत किया एक गाने वाली बाई भी आयी थी। 'मोहे पनघट पर श्याम' बुलाए गा रही थी।

धीरे से वर के चाचा ने नाऊ ठाकुर के कान में कुछ कहा वह बात बाई जी तक पहुंचायी गयी। अब क्या था- बाई जी सुर में गजोधर की माँ-बहन का नाम लेकर गाली गाने लगी। ऐसी गालियाँ सुनकर कान लाल हो जाएं। कन्या पक्ष ने भी लिया मोर्चा सम्भाल इधर से भी गालियों की बौछार प्रारंभ हो गयी। सारी कटुता इस हास-परिहास में बह गयी। फूफा जी खूब गालियों से नवाजे गए अत्यंत प्रसन्न होकर भोजन का आनंद लेते रहे।

प्रातः भोर में विदाई की बेला थी। माता-बहन के आंसू रुक नहीं रहे थे। ज्यादातर महिलायें नाक सुड़कती अधिक थी आंसू कम बहाती थीं। जनक बहुत रोए। बक्से में पांच धोतियाँ और एक हार दिया गया। भैय्या ने सीता को अपने अंग से चिपटा लिया- बहनी सुखी रहना, खूब रोये उन्हें क्या पता था- बहन अपने भाग्य में सुख नहीं संघर्ष लिखा कर आई है। सीता की विदाई के पश्चात् गजोधर अपने परिवार के संग जबलपुर वापस हो गए।

सिताबो अपनी सुसराल पहुंची। बालिका वधू चादर में सिमटी सकुचाई गठरी की तरह बैठी। घर की महिलाओं ने परछन किया बहू का अंदर प्रवेश कराया। सबने मुँह दिखायी में कुछ न कुछ दिया। सास सिताबो का निर्मल सुन्दर चेहरा देखकर अभिभूत हो गयी थी। ये जरूर बेटवा को बांध लेगी, मन ही मन सोचा। न्यौछावर में खूब रुपये लुटाये। कंगना छुटवाई के बाद सिताबो को एक छोटी सी कोठरी में भेज दिया गया जहाँ एक पलंग पड़ा था। बाहर से हँसी ठहाके गूंज रहे थे। रात को इन्द्रजीत सिंह कमरे में पधारे, मुंह से गंध आ रही थी। सिताबो डर कर सिमट गयी। खिसिया कर बोले- दोस्तों ने पिला दी। मान-मनुहार कुछ नहीं बस कली को बेदर्दी से रौंद कर

सो गए। सिताबो पीड़ा से कराहती रही। जैसे किसी कोमल लता को कोई हाथी रौंद कर चला गया। पहले ही दिन रसोई छुआई गयी। धीर-धीरे सारी रसोई सीता पर डाल सास गलचौरा करने लगी। सिताबो ने पहले कभी इतना काम न किया था। मां, भाभी, बहन सब मिलकर काम करती थीं। यहाँ तीन बलिष्ठ मर्द जिनकी पहलवानी के कारण खुराक अच्छी थी, तीन महिलायें, अकसर रोटी बनाने में देर हो जाती, देवर गरमाने लगते- अम्मा के राज्य में हमेशा टाइम पर खाना मिल जाता था। पति अलग गर्जते- क्या करती हो दिन भर। सासु ताना मारती अरे बेटा ऐड़ा मांजत् रही। ननद भी छौंक लगाती। बेचारी कोमल बालिका वधू इधर से उधर दौड़ती रहती। छः मास के अन्दर मंझले देवर इन्द्रबदन का भी ब्याह हो गया। नयी वधू सांवली हष्ट-पुष्ट और हंस मुख थी उसने आते ही अपनी जिठानी से नाता जोड़ लिया। सांवले रंग के कारण थोड़ी उपेक्षित भी थी, सिताबो और बसंती की खूब पटने लगी, दोनों मिल कर सारा काम निपटा कर गप्पें मारती। बसंती को सिताबो की मासूमियत भा गयी दोनों में बहुत बहनापा हो गया।

कुछ ही दिनों उपरान्त सबसे छोटे भाई इन्द्रपति का विवाह हो गया। इनकी पत्नी सुन्दर तथा मायके से दहेज लेकर आयी थी। लिहाजा इनकी पूछ ज्यादा होने लगी। सास गरज कर कहती पूरा एक हजार रुपया तिलक चढ़ा है। छोटी देवरानी शांति की खातिर ज्यादा होती। उसके पति भी चुपचाप रात को मिठाई लेकर आते वह जानबूझकर खाली दोना सिताबो के दरवाजे पर रख देती। एक दिन बसंती ने सीता को रामचारत मानस पढ़ते देख लिया। 'अरे दिदिया तुम तो पढ़ लेती हो सबसे बड़ा आश्चर्य हुआ।' सीता ने उसे चुप रहने को कहा। पर युधिष्ठर के शाप के कारण बसंती के पेट में पानी न पचा। पता नहीं किस मौके पर शांति से लड़ते समय कह

बैठी- चुप करो महारानी, निरक्षर भट्टाचार्य एक तो पढ़ी लिखी नहीं है, ऊपर से बहस करती हो शांति-कौन पढ़ा-लिखा है ? जब इस घर के मर्द-मानुस ही पढ़े-लिखे नहीं हैं तब किसने पट्टी का मुँह देखा। बसंती गर्व से बोली- हमारी दिदिया बहुत पढ़ी लिखी है।

बम फट जाता तब भी इतनी आवाज न होती। भूकंप आ गया। ठकुराइन अम्मा अपनी लठिया उठाकर गरियाने लगी। अपनी परम सखी के पुरखे तारे, पूर घर को गरियाया। सिताबो के पिता- भाई को भी खूब सुनाया गया। कह दो डिप्टी को, अपनी बहन ले जाये। यहाँ इतनी धोखा-धड़ी नहीं चलेगी।

सिताबो स्तब्ध पढ़ना-लिखना अपराध हो गया। बसंती लज्जित सी खड़ी थी। बात मरदाने तक पहुंच गयी। पुरुष के पुरुषत्व पर चोट पड़ी। पत्नी उससे योग्य, पाँव के तले की जूती सिर पर चढ़ गयी पूरा गाँव क्या कहेगा?

घर में आकर अम्मा को डांटा 'अब काहे टेसुआ बहा रही हो, पहले नहीं पता किया, तुम ही करो, तुम ही भोगो। वैसे इस समय कहा जाता है मैं "तो चला काशी" पर काशी में ही रह रहे थे। सिताबो को तो काटो तो खून नहीं। रात में इन्द्रजीत सिंह ने गजोधर की बड़ी लानत-मनानत की। सिताबो पर गर्जे- पहले नहीं बता सकती थी मैं पढ़ी लिखी हूँ। निकाल दूंगा घर से। पड़ी रहना मैके में, करना स्कूल की मास्टरी, कमा-कमाकर गजोधर का घर भरना। आंसू केवल आंसू, अबला और क्या कर सकती थी, वह भी चौदह वर्ष की बालिका। दूसरे दिन ही भाइयों की मंत्रणा पर उसे मायके भेजने की तैयारी करने लगे। अम्मा ने आकर बरज दिया। बताया कि सिताबो पेट से है। घर में खुशी की लहर दौड़ गयी। इन्द्रजीत सिंह ने मूछों पर ताव दिया।

धीरे–धीरे गाँव में यह बात प्रचारित हो गयी कि बड़ी बहू पढ़ी–लिखी है। सबने दांतों तले ऊंगली दबा ली। पहले गाँव में बस बाबा बलदेव मिसिर ही पढ़े लिखे थे। बहुएँ सासु से छिप कर मायके चिट्ठी लिखवातीं। एक चिट्ठी पढ़वाई चार आना लेते और लिखने के आठ आना पाती। जरा बड़ी हो जाती तो रुपया धरवा लेते। धीरे–धीरे गाँव की बहुएँ सीता से पत्र लिखवाने आने लगी। मोती टंके पत्र मायके पहुंचते और उत्तर पुनः पढ़वाने आती। फूला का बेटा बम्बई कमाने गया था वह अक्सर पत्र बेटे को लिखवाती या पढ़वाने आती। एक दिन एक मटकी दही लेकर आई। सिताबो मना करती रह गयी पर बसंती ने हंस कर रख लिया। 'अरे दिदिया यह तो गुरु दक्षिणा है, है ना काकी।' अक्सर किसी न किसी घर से कुछ उपहार आ जाता। बसंती चतुर मुनीम की भांति सब संभाल लेती। कोई हम मांगे थोड़े हैं ?

सास कसमसाई, पर उपहार क्या किसी को कचोटते हैं। बसंती भी सिताबो के पीछे–पीछे माँ बनने के पथ पर अग्रसर थी। समय आ गया, दर्द की पीड़ा सिताबो के पेट में लहरें मार रही थी। 'हाय अम्मा', सासु जी ने बरजा– ज्यादा शोर न बचाओ, दाई बुलवायी गयी एक दम लंकिनी जैसी तम्बाकू से काले हुए दाँत, काँपते हाथ। सीता देख कर ही डर गयी। अरे! बहुरिया हम तो रोज ही बच्चे जनाती सौरी का कमरा खोला गया, एक दम गंदगी से भरा। सूर्य भगवान ने कभी प्रवेश ही नहीं किया था। गन्दी सी चारपाई पर लिटा दिया गया। गंदगी और दुर्गन्ध से सिताबो का सिर फटा जा रहा था। ऊपर से प्रसव–पीड़ा, दाई जोर–जोर से पेट दबाने लग गयी। एक जोर की लहर उठी और शांत हो गयी क्रंदन के उपरान्त। नाउन गरम पानी लेकर आ गयी, बिटिया हुई है। सबके मुँह लटक गए। दाई और नाउन भी चुप्पी मार गयी। बाहर बैठे पुरुष बदूंक साफ कर रहे थे कब पुत्र जन्म का उद्घोष हो और बंदूक छोड़ी जाय। खबर

मिलते ही बंदूक की नाल नीचे कर ली गयी गोया सबकी नाक कट गयी थी। यह पसरा सन्नाटा सिताबो को चीर गया। बसंती को उस कक्ष में आने नहीं दिया। क्या पता लड़की की परछाई पड़ने से उसे भी बिटिया न हो जाए। कमरे में क्षीण दिया जल रहा था उस कम प्रकाश में सिताबो ने अपनी बिटिया को देखा, सुन्दर प्यारी गुल गोथनी सी। परिवार का कोई भी सदस्य देखने नहीं आया। नाउन बोली। अम्मा बिटिया बहुत सुन्दर है अम्मा ने मुंह बना लिया; दोनों को एक-एक रुपया मिला। बिटिया की नाल मोथरे चाकू से काटी गयी थी, उसे टिटनस हो गया, बहुत जोरों से कांपने लगी। अम्मा जरा देखिए बिटिया को क्या हुआ ? सिताबो ने कातर स्वर से प्रार्थना की। अरे कुछ नहीं ठंड लग गयी होगी। अभी बोरसी में कंडा सुलगवा कर भिजवाय देती हूँ। बिटिया से माँ का दुख नहीं देखा गया, चुपचाप कांपते-कांपते ठंडी हो गयी। सिताबो फटी-फटी आंखों से देखती रही। आंखे बरस-बरस कर थक गयी। अम्मा ने बच्ची के शव को एक अंगोछे में लपेट दिया। (शांति से आई और चली भी गई) शव को पुरुष जाकर नदी के किनारे दफना आए। पिता ने एक बार भी बच्ची का मुँह नहीं देखा। जल्द ही सिताबो को पुनः काम में जोत दिया गया, अब तो बसंती भी मदद नहीं कर पाती थी। सिताबो ने बसंती की प्रसव पीड़ा प्रारंभ होते ही सास जी से अनुरोध किया हस्पताल ले चलें। फौरन डांट कर चुप करा दी गयी। बहुओं को बोलने की सख्त मनाही थी। अपनी तरफ सीता ने प्रसूति कक्ष साफ कर दिया था नाउन और दाई के हाथ धुलवा दिए! "हाय पढ़ी लिखी मेहरारु के बहतर चरित्तर" दोनों बड़बड़ाती हुई प्रसूति कक्ष में घुसीं शिशु का क्रंदन सुना गया, दाई हुलसती आई। बेटा हुआ है, फौरन बुआ थाली बजाने लगी। बाहर पुरुषों ने बंदूक छुड़ाई। सब लोग बधाई देने लगे पूरा गाँव एकत्रित हो गया। पं. बलदेव मिसिर को बुलवाया गया। बरही का आयोजन बहुत धूमधाम से

किया गया। इन्द्रबदन सिंह चौड़ी छाती घूमते। बेटा जो पैदा कर लिए थे। उधर इन्द्रजीत मन ही मन बड़े दुखी थे। एक तो पत्नी उनसे बढ़कर और बिटिया पैदा करने का दुख। वह तो अच्छा हुआ कि महारानी जल्दी चली गयी। बसंती के पुत्र का नाम लक्ष्मी नारायण रखा गया। बरही में गजोधर भी आए। अपनी बहन के दुःख से दुःखी थे। बहन को एकदम कृशकाय देखा। लगातार काम में जुटी। उन्होंने इन्द्रजीत सिंह से आग्रह किया- कुछ दिनों आप दोनों हमारे यहाँ जबलपुर चल कर रहें कुछ हवा-पानी बदल जाएगा। सीता बहुत कमजोर हो गयी है।

इन्द्रजीत सिंह का पुरुषोचित दंभ उबाल खा गया हमारे यहाँ कोई चीज की कमी नहीं है दूध-घी बहुत है अब न खाये तो क्या किया जाये। क्या करछी लेकर मुंह में उडेलें।

अरे नहीं, आप तो बुरा मान गए। थोड़ा हवा बदल जाती है। अम्मा गरजी- हाँ-हाँ अपनी बहन को ले जाओ अब शहर जैसी आजादी तो यहाँ नहीं। और पढ़ा-लिखा कर कलक्टर बना देना। बात इतनी बिगड़ गयी, नासूर बन गयी। भाइयों में खुसर-पुसर हुई पढ़ी लिखी है। गाँव भर की चिट्ठियाँ लिखती है हो सकता है, कुछ शिकायत अपने भाई को भी लिखी हो। इन्द्रजीत पहले से ही बहिष्कृत करने की योजना बना चुके थे। दो बड़े-बड़े दोष एक तो पढ़ी लिखी होना ऊपर से बिटिया को जन्म देना, अपने अहं के आगे कुछ नहीं दिखायी देता था। बेचारी गऊ सीता, माई ने इन्द्रजीत के हाथों रस्सी थमा दी यहाँ आ गयी अब वापस पुनः भेजा जा रहा था। न गाय के आंसू कोई देख पाता है न ही नारी के। नारी क्या केवल आदेश पालन के लिए है। बिना अपराध के कौन सी सजा दी जा रही है। महादेवी वर्मा जी ने कहा नारी के लिए नारीत्व अभिशाप है। मुक्ति उसके अकेले प्रयास से संभव नहीं है, यह दुष्कर कार्य समूह

के प्रयत्नों से ही संभव है। 1929 में प्रसाद जी ने इसके विरोध में ध्रुव स्वामिनी में स्वर उठाये थे। प्रसाद जी ने "ध्रुव स्वामिनी" के मार्फत राम गुप्त कलीत्व का परदा फाश किया था। भाई का अपमान देखकर सिताबो चुपचाप अपना बक्सा उठा कर बाहर आ गयी। किसी ने रोकने की चेष्टा न की। केवल बसंती ही अपने पुत्र को लेकर रोती रह गयी। भाई, बहन को लेकर जबलपुर आ गए। अब सीता के जीवन का नया अध्याय प्रारंभ हुआ। गजोधर सिंह ने अपने प्रयासों से इन्द्रजीत की नौकरी की व्यवस्था की। अब पढ़े लिखे न थे अत: वनरक्षक की ही नौकरी मिली। इन्द्रजीत बहुत जी नाराज हो गए। क्रुद्ध सांड की तरह अपनी ससुराल वालों की लानत-मनालत की। वापस अपने गाँव चले गए। साठ रुपये की नौकरी दिलवाता है। अरे हम लोग ढाई बीघा में पुदीना सुखा डालते हैं।

घर वालों के विरोध के बावजूद गजोधर ने सीता को स्कूल भेजना शुरु कर दिया। उन्हें पढ़ाई में बहुत अच्छा होने के कारण छात्रवृति मिलने लगी! उनकी बड़ी बहन उनकी देख भाल करती थी। बड़ी बहन हमेशा पढ़ने के लिये उत्साहित करती- 'मैं तो न पढ़ सकी पर तू बहुत पढ़, पिता, मां, भैय्या का नाम रोशन कर।' उधर इन्द्रजीत सिंह अपने गाँव लौट गए। अपने को अपमान की ज्वाला में दग्ध करते हुए। अपनी पत्नी और उसके मायके वालों के प्रति हृदय में अपार घृणा भर कर। घर पहुंचने पर किसी से कोई बात नहीं की अपने चार दोस्तों के संग चिलम गांजा में डूब गए। मन होता तो खा लेते अन्यथा थाली वापस चली जाती। जैसा हमेशा से होता आया है अम्मा, बहन ने सारा दोष सिताबो पर मढ़ दिया। पता नहीं कहां से कुलबोरनी पल्ले पड़ गयी। मनुष्य कभी अपने दोष नहीं देखता बस दूसरे पर दोषारोपण करता है। इन्द्रजीत के निठल्ले मित्रों को पता चला कि पास में कोई कम्पनी बाहर नौकरी के लिए भरती कर रहे

हैं। घर वालों को बिना बताये सारी टोली वहाँ पहुंच गयी। इतने कड़क जवानों को देखकर अंग्रेज अधिकारी बड़ा प्रसन्न हुआ। गिरमिटिया मजदूरों की बड़ी आवश्यकता थी। दूर देश मॉरिशस में गन्ना के खेती के लिए। सब के सब भरती कर लिए गए। तुम लोग घर में बता कर आया है ? मैनेजर ने पूछा। सबने सिर हिलाकर हामी भरी जो पक्का झूठ था। चुपचाप घर में बिना बताये यह जत्था बनारस आ गया वहाँ से कलकता वाली ट्रेन पर चढ़ा दिया गया। वहाँ पानी के जहाज पर ठूंस ठास कर चढ़ा दिया। कई तो रास्ते में ही मर गए जो बच गए वे एक नये द्वीप पहुंचे मारिशस। अपनी मेहनत से इन्होंने उस धरा को उपजाऊ बना दिया वहीं बस गए अपना भारत भूल गए। बस संस्कृति और भाषा साथ रही। सबने अपने नये घर द्वार बसा लिए। ठकुराइन अम्मा और भाई ढूंढ–ढूंढ कर थक गए। सिताबो के पास भी पत्र गया। टूटी हुई लता पर एक प्रहार और हुआ 'कहाँ चले गए' प्रेम नहीं था पति तो थे सिंदूर उनके नाम पर। बड़ी बहन दिलासा देती रही मिल जायेंगे। पता नहीं चला कि इन्द्रजीत मारिशस जीवित पहुंचे या नही पर सिताबो के जेहन में सदा जीवित रहे। सिताबो ने एंट्रेस की परीक्षा बहुत अच्छे अंकों से उत्तीर्ण की। एक और ब्रजपात आ गया भाई गजोधर की मृत्यु हो गयी। टूटने की भी कोई सीमा होती है। पर वह लता नहीं दूब थी कितनी भी कुचली गयी अपनी हरीतिमा नहीं छोड़ी। भाई की इच्छा का सम्मान करते हुए आगरा मेडिकल स्कूल में आवेदन कर दिया।

भारतीय पद्धति आयुर्वेद तथा हकीम की थी। अंग्रेजों ने इस पद्धति को कम करने के लिये आधुनिक एलौपेथी की शिक्षा प्रारंभ की।

पहले इग्लैण्ड में भी नारियों को मेडिकल में प्रवेश नहीं दिया जाता था। बाद में स्त्रियों की बीमारी के कारण उन्हें प्रवेश मिला।

भारत में भी यूरोपियन डॉक्टरों की कमी थी कुछ भारतीय बीमारी भी नहीं समझ पाते थे। इसलिये भारतीयों को भी मेडिकल पढ़ने की सुविधा मिली।

पूर्वकाल में महिलाये 'दाई' होती थी, बिना किसी प्रशिक्षण के देसी ढंग से इलाज करती थीं। उन्हें समाज में स्थान नहीं मिलता था।

1881 में महारानी पत्रा बाई ने स्त्रियों की दुर्दशा पर महारानी विक्टोरिया को पत्र लिखा।

अब भारतीय नारियों को भी मेडिकल स्कूल में प्रवेश मिलने लगा। मैट्रिक की परीक्षा के उपरान्त उन्हें अच्छे नम्बर पर दाखिला मिलता था।

सिताबों को अपने अच्छे अंकों के कारण दाखिला मिल गया, मध्य प्रदेश सरकार ने छात्रवृति प्रदान की जिससे आगे की पढ़ाई चलती रही। दोनों बहनें जबलपुर से आगरा आ गयीं संयुक्त प्रांत का नगर आगरा जो यमुना के तट पर बसा है। जहाँ विश्व में प्रसिद्ध ताजमहल है। कथाकार उसे कृष्ण, कंस और महाभारत से भी जोड़ते हैं। कहते हैं कि आगरा शब्द श्रृषि अंगीरस से जुड़ा है। सम्राट अकबर के समय आगरा की चहुँमुखी प्रगति हुई। लेफ्टीनेंट गर्वनर सर जेम्स थॉमसन ने इस मेडिकल कॉलेज की आधारशिला 1854 में रखी। प्रारंभ में यह थॉमसन स्कूल कहा जाता था जहाँ से डाक्टर और स्वास्थ्य सेवक, शिक्षा लेकर अपनी सेवायें आर्मी को देते थे। ईस्ट इंडिया कम्पनी ने विचार किया कि कालेज के खर्चे भी हस्पताल से हो।

इसे थॉमसन अस्पताल से जोड़ दिया गया। 1857 में स्कूल के पहले डाक्टरों का बैच पास होकर निकला। उधर भारत में प्रथम स्वतंत्रता संग्राम की ज्योति जग गई। 1872 से साधारण छात्र भी

मेडिकल स्कूल में एडमिशन ले सकते थे 1883 में स्त्रियों के लिए अलग विंग बनाया गया। वे लेडी लॉयल ड्यरेन हास्पिटल से संबंधित थी पहले बैच में केवल चार महिलायें थीं। 1899 में सिताबो को मेडिकल स्कूल में प्रवेश मिला। महिला छात्रायें लेडी लॉयल इयरेस हास्पिटल में ही शिक्षा प्राप्त कर रही थीं। केवल चार महिला छात्राओं से प्रारंभ हुये स्कूल में अब लगभग हर प्रांत से आई हुई लगभग 75 छात्रायें थी। चिकित्सा क्षेत्र में कुछ करने के लिए देश के लिए कुछ करने के लिए यह नारियाँ तत्पर थीं। साधारण वेशभूषा अधिकतर सफेद साड़ी पहिने स्कूल में आतीं मनोयोग से सीखतीं। पहले दो वर्ष शरीर रचना (Anatomy) का ज्ञान दिया गया। सिताबो को पहले वह गन्ध अप्रिय लगती थी सबका वही हाल था। फास्मसीन की महक कपड़ों में रच बस जाती, ऊपर से शवों की परीक्षा। कितनी बार उबकाई आने को हुई पर अपने को कठोर बनाया। कमरे में जाते ही दीदी पूछतीं आज क्या पढ़ा ? सर भन्ना जाता कैसे बताये, दीदी वैसे ही सात्विक थीं सिताबो भी।

चुपचाप नहा धोकर पढ़ने में व्यस्त हो जाती। बड़ी बहन ने गृहस्थी के कामों को खुद संभाल रखा था। उस समय प्रिंसिपल के नाम पर वार्ड का नाम रखा जाता था। लेफ्टीनेंट कर्नल ए०जे० हिल्सन के नाम पर नया वार्ड बनाया गया। कालेज में आपरेशन थिएटर, बाह्य विभाग आदि जोड़े गए। मेडिकल स्कूल में समारोह आयोजित किए जाते। एक बार सिताबों ने अपने मधुर कंठ से *'मेरे तो गिरिधर गोपाल दूसरों न कोई'* गाया था पूरा हाल तालियों से गूंज उठा। तीसरे वर्ष में पैथोलॉजी आंतरिक संरचना मस्तिष्क आदि का ज्ञान दिया गया, सारी छात्रायें लगन से सीख रही थी। कई विवाहित भी थी। कोई न कोई ध्येय लेकर इस स्कूल में आई थी। महिलाओं को जच्चा-बच्चा प्रसव कराने की भलीभांति ट्रेनिंग दी गयी। स्त्री रोगों

का अलग विभाग था बच्चों की बीमारियों के विषय में भी अवगत कराया गया। हर सीढ़ी चढ़ते हुए सिताबो को 1904 में डिग्री मिल गयी, अब वे स्वंय चिकित्सा कर सकती थी। स्कूल में एक वर्ष का इंटर्नशिप भी करवाया गया ताकि ये छात्र जाकर अपने-अपने क्षेत्रों में सुचारु रुप से कार्य कर सकें। अब वे डाक्टर बन गयीं। बड़ी बहिन की सहायता के बिना संभव नहीं था। जीवन पर्यन्त बड़ी बहन की ऋणी रहीं। मध्य प्रदेश ने छात्रवृत्ति प्रदान की थी अतः तीन वर्षों का बांड था। एक दिन अस्पताल जबलपुर में नियुक्ति हुई। अधिकांश अंग्रेज डाक्टर थे। उनके बीच में उनको अपनी छवि बनानी थी। कई लेडी डाक्टर जो ब्रिटिश थी सिताबो की उनसे प्रगाढ़ मित्रता हो गयी। वे लोग भी सिताबो को बहुत पसन्द करती थी। उनकी सादगी, सौन्दर्य अभिभूत कर देता था खादी की साधारण साड़ी पहने सिताबो सब पर छा जाती। डॉ. बुक एवम् डॉ. एम. ए. वुड उनकी परम मित्र थी। डॉ. वुड का भाई इंग्लैण्ड से आया। वह डाक्टर था एक दिन अस्पताल में उसकी भी पोस्टिंग हो गई। डॉ. माइकल स्मिथ छः फुट लंबा सुदर्शन युवक था। हमेशा हंसना और हंसाना उसका काम था। मरीजों से, साथी डाक्टरों, स्टाफ सबसे हंस कर मिलता। डॉ. सिताबो से उसने 'हाय मैं माइकल' हाथ मिलाना चाहा। उन्होंने मुस्कुरा कर हाथ जोड़ दिए। बड़ी बहन डॉ. वुड ठठाकर हंस पड़ी, 'यू नो माइकल सिताबो इज वेरी रिजर्व, ये भारतीय हाथ नहीं मिलाते नमस्ते करते हैं।' 'ओह क्या मेरा हाथ गन्दा है। मैंने तो अभी ही धोया हैं' माइकल शरारत से बोला सिताबो के चेहरे पर हल्की सी मुस्कान की रेखा कौंधी- 'नहीं हम लोग हाथ जोड़कर ही नमस्ते करते हैं।' वे चुपचाप अपने वार्ड की और चली गयी। माइकल की आंखों मे यह भारतीय सौन्दर्य उतर गया। बहन से पूछा उन्होंने बताया शायद विधवा है। क्या फिर से विवाह करेगी? बात करके देखो भाई ने कहा- 'नो नो माइकल यह भारतीय बड़े रुढ़िवादी होते है। इनकी

महिलायें दूसरा विवाह नहीं करती।' बहन बोली- और भारतीय पुरुष? हाँ वे लोग तो कई विवाह कर सकते हैं। क्या विरोधाभास है। सारे कानून स्त्रियों के लिए ही हैं माइकल बहुत चकित था। औरत एक आदमी के लिए सारी जिंदगी काट देती है और आदमी कोई भी त्याग नहीं करता। बहन सोच में पड़ गयी वाकई बड़ी अनबूझ पहेली है। औरत के लिए ही सारे कानून हैं और मर्द स्वच्छन्द। कई तो बाल विवाह का दुख भोग रही हैं। बचपन में ही पति को देखा तक नहीं, पर उसके जाने के पश्चात् जीवन भर श्वेत बसना होकर जिंदगी का भार सहना, सबसे तिरस्कार पाना। सबसे दुखद पहलू तो यह है कि सबसे ज्यादा नारियाँ ही नारी को धिक्कारती हैं। एक रोटी के लिए असंख्य यातना सहना। जाने कितने धार्मिक कर्म-काण्डों में बांध दी जाती हैं। माइकल कातर हो उठा। बहन बोली- पहले तो पति के मरने के बाद पत्नी को भी जिन्दा चिता में जला देते थे इसे सती प्रथा कहते थे। वह ब्रिटिशों ने राजा राम मोहन राय की पहल पर कानून बनाया। हे भगवान! सिताबो ने कितनी यातनायें सही होगी। ठीक कहा, ऐसे रुढ़िवादी समाज में रहकर पढ़ना और डाक्टर बनना बहुत साहस का काम है। कितनी सीधी है। तब तक राउंड लेकर डाक्टर सिताबो आ गई। वार्ता रुक गयी हंस कर बोली- लगता है कि मेरे बारे में बात चल रही है अच्छा तो मैं चलती हूँ। डॉ. वुड ने हंसकर हाथ पकड़ लिया। नो डियर बस माइकल तुम्हारे बारे में पूछ रहा था, सिताबो स्मित मुस्कान से बोली- 'मेरी जिन्दगी के बारे में क्या कहना, जैसी सफेद साड़ी है वैसे ही सफेद जिन्दगी। कोरे कागज सी।'

माइकल का मन चीख-चीख कर कह रहा था न मैं तुम्हें सफेद रंग में नही देखना चाहता। मैं तुम्हारी जिन्दगी में रंग भरना चाहता हूँ। स्त्री को भगवान ने लोगों को परखने की अद्‌भुत शक्ति दी है। दो आंखे पीछे भी होती हैं। डॉ. सिताबो माइकल के दिल की बात समझ रही थी। पर बचपना समझ कर टाल जाती थी, उनकी निगाह

में वह छोटा भाई ही था। उसके आगे-पीछे फिरने को वह भाव नहीं देती थी। एक ही हस्पताल में काम करते समय आमना-सामना तो लाज़िमी था। बहन के बहुत मना करने पर भी माइकल ने एक दिन गुलाब का फूल सिताबो को दे ही दिया। डॉ. सिताबो ने चुपचाप फूल को लिया अपने कमरे की ओर बढ़ गयी। पालने में बाल कृष्ण मुस्करा रहे थे। चुपचाप फूल प्रभु के चरणों में अर्पण कर दिया। उत्तर मिल गया, माइकल निराश होकर लौट गया। बहुत देर तक उसके कदमों की भारी आवाज सुनायी देती रही फिर दूर चली गयी। सिताबो ने आखें बन्द की *'मेरे तो गिरिधर गोपाल दूसरो न कोई'* डॉ. माइकल इग्लैंड वापस चला गया। दोनों सखियों ने इस विषय पर कभी चर्चा नहीं की।

बांड पूरा होते ही उदयपुर के "वान्टर हस्पताल" में अधिक वेतन पर काम मिल गया। यहाँ भी अधिकांश ब्रिटिश डाक्टर थे। उदयपुर की सुन्दरता देखकर बड़े खुश थे। अरावली पहाड़ियों के बीच बसा उदयपुर अपनी झीलों के कारण बहुत प्रसिद्ध है। 1553 में महाराणा उदय सिंह ने इसे बसाया था। महाराणा प्रताप के शौर्य की गाथा गाते हुए उदयपुर। जब सिताबो यहाँ आई उस समय मेवाड़ ब्रिटिश के अंतर्गत था। सिसोदिया वंश के राणा गद्दी पर थे। बड़ी-बड़ी हवेलियों से भरा शहर था। अधिकांश राजपूतों की हवेलियाँ थी जब सबको पता चला कि डॉ. सिताबो भी राजपूत है सभी प्रसन्न हुए। बड़े-बड़े घरों से निमंत्रण आता। बड़ी-बड़ी हवेलियों में अधिकांश राजपूत परिवार थे आन-बान-शान कायम थी। घर में परदा प्रथा थी। एक राजपूत महिला डाक्टर को अपने बीच पाकर सब लोग बड़े प्रसन्न हुए। अधिकांश हवेलियों से पालकी आती, डॉ. साहिबा जाकर मुआइना करती, दवा लिखती बहुत कार्य कुशल थी जगह-जगह प्रशंसा होने लगी। अधिकतर लोग उन्हें माता जी कह

कर पुकारते बाद में यही 'माता जी' उनका परिचय हो गया। जच्चा के पेट को हौले-हौले सहलाती, मधुर शब्दों में सहारा देती, थोड़ी देर की छटपटाहट के पश्चात शिशु का क्रन्दन गूंज उठता। यदि पुत्र हुआ तो बड़ी जोर से थालियाँ बजाई जाती। बदूंकें छुड़ाई जाती माता जी को उपहारों से लाद दिया जाता। बच्चे के घर, परिवार बड़ी श्रद्धा से हाथ जोड़े खड़े रहते माता जी आपने बच्चे और माँ को बचा लिया। बड़ी कृपा करी। माता जी मुस्करा कर अभिवादन स्वीकार करती सब गोपाल जी की कृपा है। उस समय उनका अंतर हाहाकार कर उठता। एक बहुत बड़े घराने में प्रसूति के लिए बुलाया गया। बहुत ही कमजोर बच्चा जन्मा। उसके बचने की आशा नहीं थी । डॉ. ने उसके दादा जो बहुत बड़े जमींदार थे निवेदन किया कि बच्चे को दिल्ली ले जाया जाये। जमींदार साहब बोले- आप ही कुछ कीजिए बस आपका सहारा है। यदि बचना होगा तो आपके हाथों से ही बचेगा बच्चे का मलद्वार नहीं था उस समय इतनी सुविधा नहीं थी। फिर भी आपरेशन करके मलद्वार बना दिया। बच्चे की नित्य क्रिया चालू हो गई। पूरा घर डॉ. सिताबो का कृतज्ञ हो उठा। अपनी प्रसव पीड़ा की छटपटाहट वह गन्दा सीलन दार बदबूदार कमरा विचलित कर देता। तीसरे ही दिन बच्ची का जाना उनके अंदर तीर की तरह लगता। नवजात को प्यार करते समय अपनी बिटिया की छवि आंखों के सामने तैर जाती। मन में एक विश्वास भरती! चलो अपनी बेटी को तो बचा न सकी पर कितनों को जीवन दान दिया। ऊपर स्वर्ग में बिटिया मुस्करा रही होगी माँ कितना महान कार्य कर रही है। उनके मुस्कुराते चेहरे का दर्द कौन समझ सकता, सिर्फ गोपाल के! वही नचा रहे थे। उपहारों से लदी फंदी घर पर लौटती जहाँ बड़ी बहन प्रतीक्षा करती मिलती। बड़ी बहन सिर पर हाथ रखकर तसल्ली देती। *'सब गोपाल जी की इच्छा'* प्रसूति कक्ष में वे पूरी चेष्टा करती थी कि बच्चा सकुशल रहे। समय पर टिटनस का

टीका भी लगवा देती। बच्चे का पूरा ध्यान कैसे रखा जाए माँ को समझाती। किस्मत का खेल जितने भी बच्चे उनके द्वारा धरती पर आये बालक ही थे। इससे उनकी मांग बहुत बढ़ गयी। माता जी समझाती यदि सभी लड़के हो जायेंगे तो सृष्टि कैसे चलेगी में भी तो स्त्री हूँ आप भी। पर दकिया नूसी समाज न बदला। बेटे की चाह में न जाने कितनी बेटियाँ बलि चढ़ गईं। पांच साल तक अनथक कार्य करने के पश्चात कुछ दिनों की छुटटी लेकर बनारस आयी। पता नहीं क्यों बनारस आकर मन उदास हो गया शायद पुरानी याद कचोटने लगी। सो कामधाम छोड़कर तीर्थ यात्रा पर निकल गयीं। बड़ी बहन उनकी मन स्थिति समझ रही थी। मन्दिरों-मन्दिर, घाट-घाट ढूंढा पर घनश्याम न मिले। जब अंतर्मन ही शांत नहीं तो भगवान कहाँ दिखेंगे? कही भी शांति नहीं भाग कर कहाँ जाऊँ।

मस्तिष्क पुरानी यादों को सजो कर बैठा है, कितना भी भुलाने की चेष्टा करुं, एक न एक जख्म उभर जाता है जो दिन में घेर लेता है रातों को सोने नहीं देता। क्यों जीवन दिया प्रभो! अंदर से चित्त बहुत व्यथित था किसी काम में मन नहीं लग रहा था। सो उदयपुर से अवकाश लेकर हरिद्वार आ गयी। वहाँ सत्संग में जाने लगी, गंगा मैया यहाँ भी कल-कल बह रही थी यहाँ कितनी निर्मल धारा थी। हर की पौड़ी पर बैठ घण्टों सूर्य को निहारती रहती। एक दम अविचल सन्यासिनी अपने भावों में ही डूबी। बड़ी बहन बहुत समझाती थी। पर मन टूट गया था, बार-बार अपनी बिटिया याद आती यदि होती तो अब इतने वर्ष की हो गयी होती। पति पता नहीं कहाँ हैं प्रतीक्षा कर रही हूँ। ससुराल वाले तो कहते हैं वे नहीं हैं। एकाकीपन की कंदरा में कुछ सुझायी नहीं पड़ता। एक दिन घर की पौड़ी पर यूं ही ध्यान मग्न बैठी थी। अचानक एक वृद्ध सज्जन गिर पड़े दौड़कर उन्हें उठाया उनके पैर में कील चुभ गयी थी, अरे! नहीं

मैं ठीक हूँ, पर उनके अंदर का डाक्टर जाग उठा जी नहीं चलिए सामने कैमिस्ट की दुकान है। जाकर वहाँ कुशल हाथों से दवा लगा कर पट्टी बांधी। सज्जन के रोकने पर भी टिटनस इन्जेक्शन लेकर लगा दिया। भीड़ विस्कारित नेत्रों से देखती रही वे सज्जन उन्होंने अपना नाम तिलक राज बताया बोले आप डाक्टर है क्या? बड़ी बहन ने बताया हाँ! आजकल तीर्थ घूम रही है। तिलक राज को सहारा देकर दोनों बहनों ने उनको धर्मशाला तक पहुंचाया। तिलक राज जी बोले, बहन जब इतनी कार्य कुशल डाक्टर हो तो अपनी डिग्री को क्यों बेकार में जाया कर रही हो। 'आजकल मन काम में नही लगता ?' सिताबो बोली, बहन जब काम करोगी तभी मन लगेगा अपने को काम में डुबो दो, हर चिन्ता दूर भाग जाएगी। बड़ी दीदी बोली, यही तो में समझाती हूँ। तिलक राज बोले- आप कर्मक्षेत्र से क्यों भाग रही हैं? भगवान कृष्ण ने गीता में कहा है कर्म ही सबसे बड़ा धर्म है। देखिए मैं लाहौर में गरीबों के लिए हस्पताल बनवाता हूँ। धर्मार्थ है बड़े-बड़े लोग चन्दा देते हैं मैं उसी के काम से यहाँ हरिद्वार आया था कि आपसे भेंट हो गयी। आप हमारा हस्पताल देख लीजिए। रहने को घर कुछ मानदेय भी दे देंगे। जब तक अच्छा लगे कीजिए। सिताबो चिन्ता मग्न हो गयी। बनारस से बहुत दूर लाहौर है। बोली भी अलग है। तिलक राज हंसे बोले- 'बहना फिक्र न करो जिन लाहौर नहीं देख्या वह जन्मा ही नहीं,' दोनो बहनें हंस पड़ी। तिलक राज आगे बोले अब तो रेलगाड़ी की सुविधा है सोचिए लाहौर तो भगवान राम के पुत्र लव ने बसाया था वे कैसे यहाँ आए ? भई यहाँ गंगा नदी है तो वहाँ रावी नदी बहती है। लाहौर की प्रसिद्धि अकबर के समय से प्रारंभ हुई। जहाँगीर ने इसे राजधानी बनाया था हाँ लाहौर पर हमले भी काफी हुए। महाराजा रणजीत सिंह ने इसे अपनी राजधानी बनाया। बड़ी बहन बोली- आपने तो पूरा इतिहास बता दिया। तिलकराज ने अपनी

संस्था के हस्पताल में नियुक्ति करवा दी। लाहौर में बहुत सारे जटिल केस किए। बिना किसी मदद के न तो आपरेशन थिएटर था न ही कुशल सहायक। अपने ही हाथों सारा काम करती। एक दर्द से छटपटाती बहू लाई गयी इतना ज्यादा उछलकूद कर रही थी कि डाक्टर को समझना मुश्किल था ऐसे में कैसे प्रसव कराया जाय? किसी भी तरह शांत नहीं हो रही थी न सहयोग कर रही थी बच्चा बाहर आने को छटपटा रहा था। अपनी त्वरित बुद्धि से स्वयं जच्चा को एनीस्थिसिया दिया और हाथ से बच्चे को निकाल दिया। देर करने से गर्भाशय फट सकता था। चमत्कार ही था। थोड़ी देर बाद स्त्री को होश आ गया उसने डाक्टर के पैर पकड़ लिए। मरीज पंजाबी बोलते थे पर समझ में आ जाता था। एक महिला बोली तुसी कश्मीरी हो ? न मैं तो बनारस से आई हूँ आपने ऐसा क्यों सोचा? सिताबो ने पूछा– 'अरे आपका गोरा रंग देखकर।' महिला मरीजों में बहुत लोकप्रिय हो गयी। चंगी डाक्टरनी है एक बार पेट पर हाथ रखती है मर्ज पकड़ लेती है। दिन पखेरु बनकर उड़ते रहे। लगता था कि अब सब ठीक से चलेगा पर भगवान डोर हिलाता रहता है। इतने दिनों तक बड़ी बहन ने साथ दिया अब छोड़ कर चली गयी। संस्था वालों ने बहुत सहारा दिया। सिताबो को पुनः शून्यता खाने लगी। उनकी ब्रिटिश मित्रों ने भी बहुत समझाया वे अब इस दुनिया में अकेली रह गयी, नितान्त अकेली, भाई चले गए अब माँ समान बहन भी। पहली बार उन्हें लगा जीवन शून्य है, यह सफेद कोट स्टेथेस्कोप सब व्यर्थ है। सब एक-एक करके चले गये– किसी को भी बचा न सकी हे! गोपाल अब कितनी परीक्षा लोगे? मन अवसाद से भर गया किसी की बातें अब अच्छी नहीं लग रही थी। तिलक राज जी से प्रार्थना की– 'अब मुक्त कर दें कुछ दिन पुनः भगवान की शरण में जाऊंगी। अब मेरा काम में मन नहीं लगता।' कोई क्या कहता– तिलक राज जी बोले– 'माता जब आपकी इच्छा हो वापस

आ जाना, लाहौरी गेट सदा आपके लिए खुला है। इस बार कान्हा की नगरी, मथुरा वृन्दावन आ गईं। धर्मशाला में कमरा ले लिया दिनभर मन्दिरों में भटकती रहती और रात को कमरे में आ जाती। अपने अंतर के दर्द को कृष्ण के महासागर में डुबा देना चाहा। एक दिन मन्दिर के बाहर एक चौदह साल की बालिका को क्रन्दन करते पाया उनके अन्दर का डाक्टर जाग उठा। उसके शरीर पर पड़ी खरौंचे, बहता लहू, फटे कपड़े अपनी कहानी कह गया वे अन्दर तक हिल गई किसी पापी ने यह जघन्य अपराध किया है। बच्ची को उठाकर वे सरकारी अस्पताल ले आईं। कोई मदद को आगे नहीं आया। वे चोट खाई सिहंनी की तरह दहाड़ उठी 'where is Doctor? Call him at once' इतनी कड़क सधी भाषा सुनकर आया से लेकर नर्स तक भागती आई। लेडी डाक्टर भी आ गई। एक साधारण स्त्री का ऐसा दुस्साहस। डाक्टर से बोली– तुम मेडिकल चेकअप करो पुलिस को रिपोर्ट करो। डाक्टर हिचकिचाई, वे बोली सुनो में भी डाक्टर हूँ। आजकल वृन्दावन आई हुई हूँ। शायद भगवान ने इसके लिए ही मुझे भेजा है। अस्पताल में भूचाल आ गया। डाक्टर उस किशोरी का चेकअप करने लगी। फोन करने की इजाजत मांगी डॉ. सिताबो ने अपने ब्रिटिश मित्रों को फोन किया। थाने से दरोगा आया ऐसे प्रश्न पूछने लगा जिससे मानवता भी शर्मसार हो जाए। डॉ. सिताबो दहाड़ उठी– 'क्या अपनी बेटी से भी ऐसे सवाल पूछ सकते हो ? यह बिचारी तो अपने माता–पिता के संग तीर्थ पर आई थी बिछड़ गयी किसी पापी ने इस पर अत्याचार किया, इसका क्या कसूर है ? अब मैं पुलिस सुपरिटेन्डेट से बात करुंगी।' एक दम सफेद कपड़े पहने माथे पर चन्दन का टीका लगाए इस साधारण महिला में इतना साहस। आया ने चुपके से बताया बड़ी डाक्टर है तीर्थ आई है। पता नहीं कितने लोगों को फोन करी बस इंग्लिश में ही बात कर रही थी। दरोगा जी धोधें की तरह सिकुड़ गए। अब

सुपरिटेन्डेट पुलिस का फोन भी आ गया। मन्दिर का पुजारी जो अपराधी था। पकड़ा गया। जनता नें उस पर खूब पत्थर फेंके। ढूंढते-ढूंढते लड़की के माँ-बाप भी आ गए। बेचारी अबोध बालिका कली खिल भी नहीं पायी थी कि अत्याचारी ने उसे मसल दिया। अपराध किसी और ने किया माता-पिता सिर झुकाए खड़े। पिता बोला इससे अच्छा था कि मर जाती। माता जी इस विडम्बना से अवाक रह गई। करे कोई भरे कोई। युगों से सीता ही परीक्षा देगी। द्रोपदी का चीर-हरण होगा। लेडी डाक्टर चुपचाप फुसफुसाई, 'देखा मैडम कोई साथ नहीं देता बात को दबा दिया जाता है। बच्ची बुखार से तप रही थी रह-रह कर मिरगी जैसे दौरे पड़ रहे थे। माता-पिता सोच रहे थे मर जाये तभी ठीक है। जीवन के इतने वर्षों ने सिताबो को लोगों के चेहरे पढ़ने सिखा दिए थे। मन ही मन निर्णय लिया- अच्छा गोपाल! कर्म से भागना नहीं आपने याद दिला दिया। माँ बाप पर सहानुभूति की नजर डाली। 'चिन्ता मत करो बिटिया हमारे साथ रहेगी।' माँ ने पैर पकड़ लिए पिता चुपचाप अंगौछे से आंसू पोछता रहा। डॉ. सिताबो ने अपने बाल गोपाल से कहा- आपकी इच्छा सर्वोपरि। कर्म क्षेत्र में ही जाना होगा। आपने शायद इसीलिए मुझे जीवन दिया है। पुनः अपने कर्म क्षेत्र बनारस आ गयीं। वही पुराना मुहल्ला पियरी कलां। गलियों से भरा। रात को आकर चौकीदार नुक्कड़ के चिराग जला जाता जो मिट्‌टी के तेल से जलते थे। जल्दी ही हितैषियों ने एक मकान खोज दिया। मकान मालिक दास महाशय बंगाली थे दो कमरे, बरामदा, दालान सबका 10/- प्रतिमास किराया तय हुआ। बरामदा तीन सीढ़ी चढ़ने के बाद था, नीचे बजबजाती नाली बह रही थी। खिड़कियों पर गहरा नीला रंग पेन्ट किया था जिससे कमरे में बड़ा अंधेरा हो गया था। दास महाशय प्राइमरी स्कूल से सेवा निवृत शिक्षक थे। पत्नी बेहद बातूनी और नाटे कद की थी।

पीठ पीछे लोग उन्हें 'एक बित्तन' पुकारते। यह बनारस वालों की विशेषता है कि उपनाम अवश्य धर देते हैं। कभी-कभी उपनाम ज्यादा प्रसिद्ध हो जाता है। एक बित्तन बंगाली ढंग की तांत की साड़ी पहने, आँचल में चाबी का गुच्छा लटकाये चलती। तालों की संख्या कम थी। पर चाबियाँ बहुत ज्यादा थीं। सबको दीखे कि मालकिन माल-मत्ते वाली है। उनके दो पुत्र मुकुल दास और नकुल दास। बड़ा किसी दुकान में किरानी लग गया था छोटा केवल फुटबाल के सपने देखता। उसी में व्यस्त रहता। दास बाबू जहाँ इस पुत्र के कारण चिन्ताग्रस्त रहते वहाँ श्रीमती दास उस पर गर्व करती। पत्नी की आए दिन नोंकझोंक चलती। ऐसे समय नकुल अपनी फुटबाल लेकर बाहर चला जाता। बनारस वाले ही जाने। कहते हैं कि चौसठ योगनियाँ इन गलियों मे ऐसी खोई कि उनका पता ही नहीं चला। राजा चेत सिंह के साथ युद्ध में भी अंग्रेजी सेना गलियों में खोती रही। कौन सी गली कहाँ से शुरु है कहाँ पर बन्द है नया तो चकराघिन्नी काट जाए। कौन सी गली जाकर सड़क पर मिलती है। इसे विशेषज्ञ ही बता सकते हैं। गली की चौड़ाई इतनी कि चार पहलवान अगर एक साथ चलें तो फंस जायें। बीच-बीच में घूमती गौ माता और बाबा विश्वनाथ का नंदी। गली में हिचकोले खाता हुआ रिक्शा ही चल सकता था। वह भी बेहद मजबूरी, में या तो स्टेशन से आना हो या शादी ब्याह में बहू का आगमन। ज्यादातर लोग मुँह में पान दबाये चलते थे। जब भी मन आया पच्च से पिचकारी मारी दे दनादन। सुबह-सुबह अधिकतर लोग अपने द्वार पर खड़े-खड़े सुंघनी साहू का मंजन अपने दांतों पर घिसते। गमछा बाँधें गंगा जी की ओर निकल जाते। गंगा में डुबकी मार कर स्वच्छ हो जाते। लौटते समय गरम-गरम जलेबी और हलवाई की कढ़ाई का औटता दूध। मन करता तो बच्चों के लिए दोना बंधवा लेते। घर पर कलेवा करने की कहाँ सुध होती। सो दो-चार डकार खारिज कर

धोती कुरता पहन अपने-अपने काम पर चले जाते। गर्मियों में कुल्हड़ भर-भर लस्सी चलती।

घर किसी प्रकार साफ किया गया। किनारे लगे जाले हटाए गए। ईटों का फर्श था जिसे रगड़-रगड़ कर धोया गया। बाहर के दरवाजे पर हरे रंग के मोटे परदे टांगे गए। डॉ. साहब के लिये टेबल-कुर्सी तथा मरीजों के लिए स्टूल रखे गए। हंसते बच्चों के कैलेण्डर लगाये गए। अन्दर के कक्ष में बाल गोपाल प्रतिष्ठित किए गए। पीछे वाले कमरे में तख्त डालकर शयन कक्ष बना दिया गया। दुकान के पीछे रसोई तथा स्नान गृह था। मोशाय ने डाक्टर साहब के नाम का बोर्ड बनवा टंगवा दिया। *"डॉ. सिताबो बाई।"*

अब बारी आई एक कम्पाउंडर की। फौरन एक बित्तन ने अपने फुटबालिया पुत्र को प्रस्तुत किया। दास मोशाय ने हल्का विरोध किया। डॉ. मियाँ-बीबी की नोकझोंक पर मुस्कुराई बोली- 'पहले बेटे से तो पूछ लें।' नकुल चन्द्रदास बहुत दिनों से बेकार थे रुपया आठ आना के लिए पिता का मुंह निहारना पड़ता था। ऊपर से मक्खीचूस बुढ़ऊ। सहर्ष अपनी सेवायें दे दी बस एक शर्त रखी जिस दिन मैच होगा उस दिन छुट्टी। दास मोशाय को बहुत बुरा लगा पर पुत्र मोह ने चुप्पी साधने को विवश कर दिया, 'बोले ठीक है जिस दिन मैच होगा मैं दवा खाना में बैठूंगा।' नकुलचन्द्र बरामदे में बैंच पर बैठ जाता अपने दो-चार मित्रों को भी बैठा लेता। धीरे-धीरे मरीज आने लगे। गृहकार्य में परेशानी होने के कारण दास महोदय अपनी दूर की विधवा बहन को ले आए। उसकी एक बेटी भी थी। बड़ी विपन्न अवस्था में अपने दिन काट रही थी। माँ-बेटी को छत का सहारा मिल गया। एक बच्ची को मथुरा से लायी थी। डॉ. को भी घर के कामकाज में सहुलियत हो गयी। मोक्षदा ने फरमाया मैं माँस-मच्छी नहीं खाती। डॉ. साहब मुस्कुराई- 'मैं भी कहाँ खाती

हूँ।' चूल्हे पर खाना बनता था। मोक्षदा दोनों बच्चियों की मदद से सारे काम कर लेती। एक दिन आमदनी 4 रुपया नगद हुई। डॉ. साहब ने नगद 1 रुपया नकुल को दिया। आठ आने मोक्षदा को 4 आने दोनों बच्चियों को शेष कृष्ण गोपाल के चरणों में अर्पित कर दी। उस दिन नकुल अपने घर के हिस्से में प्रवेश करते ही दहाड़े। 'आमि माछ खाबो' एक बित्तन निहाल हो गयी। दास मोशाय ने अखबार पढ़ते-पढ़ते सिर उठाया उनकी भंवे संकुचित हो उठीं। मोक्षदा से सारी बातें पता चली। वे डॉ. के पास पहुंचे यह क्या? एक बार ही में ही सब कुछ लुटा दोगी ऐसा कैसे चलेगा। दवा खाना बढ़ाना है, बिजली लगवानी है सबको बस तनख्वाह दो। ज्यादा आदत खराब मत करो। दास महाशय डॉ. के बड़े हित चिन्तक थे। फैसला हुआ नकुल को दस रुपये, मोक्षदा को 5 रुपया मासिक वेतन मिलेगा। नकुल दास को बहुत बुरा लगा यह बूढ़ा हर जगह भांजी मारता है। लेकिन कम्पाउडर बन जाने से उसका रुतबा बढ़ गया था। सिर में सरसों का तेल चुपड़कर करीने से बीच की मांग निकाल कर कुरता पजामा से सज्जित होकर अपने को डाक्टर से कम नहीं समझता था। उसका उतरा मुंह देख डॉ. ने समझाया तुम्हें सुई लगाना सिखा दूंगी। सुई का चार आना अलग से मिलेगा नकुल की बांछे खिल गई। एक दिन भुल्लन की पत्नी डाक्टर की क्लीनिक पर पहुंची। पेट में भंयकर पीड़ा थी डॉ. साहब ने पेट पर हाथ रख कर मुआइना किया। क्या कुछ बासी खा लिया था। अब भुल्लन वो चमत्कृत, 'हाँ डॉ. साहब दाल फफद गयी थी।' डॉ. साहब ने उन्हें लाल मिक्सचर और कुछ गोलियाँ दिलवायी मिक्सचर की एक खुराक अपने सामने पिलवायी। दवा बड़ी कड़वी थी किसी तरह नाक दवा कर पी गयी जोरदार डकार आया, बहुत आराम आ गया। डॉ. साहब के पैर पकड़ कर धन्यवाद किया फीस का रुपया जमा किया। घर आकर अपने पति से डॉ. साहब की बड़ी प्रशंसा की,

एक ही खुराक में आराम आ गया। उनको देखते ही रोग भाग जाता है। बड़ी पढ़ी-लिखी है। भुल्लर के बड़े-बड़े जजमान थे। हर घर में अपना बक्सुआ लेकर जाते। कैंची की तरह कच-कच उनकी जबान चलती। हर जगह डॉ. का बखान करते। अब बड़े घर की महिलायें भी चादर ओढ़ कर दवाखाने आने लगीं बहुत भीड़ लगने लगी। दास पर्ची बनाते, नकुल दास मिक्सचर और दवा की पुड़िया बांधते, जिस दिन दो चार सुई लगानी पड़ जातीं बहुत खुश हो जाते। जन सेवा के संग-संग वे देश सेवा से भी जुड़ गयी। कांग्रेस की सदस्यता ग्रहण की। दास मोशाय एक बना हुआ दुतल्ले का मकान देख आए थे। नीचे दवाखाना तथा ऊपर निवास। मकान ले लिया गया। ऊपर के कमरे में छोटा सा मन्दिर बनवा लिया जिसमें उनके बाल गोपाल जा विराजे। पास में ही उन्होंने अनाथालय के लिये भी भूमि क्रय की। उसमें अनाथ बच्चों के रहने खाने की व्यवस्था की। जितना धन आ रहा था उतना ही दोनों हाथों से खर्च कर रही थी। सन् 1916 में बनारस हिन्दू विश्वविद्यालय की नींव रखी गयी। मालवीय जी का स्वप्न- 'भारत के लोग जब तक शिक्षित नहीं होंगे आगे कैसे बढ़ेंगे।' एक-एक रुपया चन्दा में स्वीकार किया जाता। बड़े बड़े राजा महाराजा भी इस यज्ञ में सम्मिलित हो गए। बड़े-बड़े सेठों ने अपनी तिजोरी खोल दी। डॉ. सिताबो भी इस यज्ञ में शामिल हो गयी उन्होंने 10,000/- का चन्दा महिला छात्रावास के लिए दिया। दस हजार उस युग में बहुत बड़ी रकम थी। मालवीय जी ने उन्हें महिला छात्रावास की अधीक्षिका नियुक्त किया। वे दोनों कार्य घर पर मरीजों को देखना तथा छात्रावास का कार्य देखना सुचारु रुप से देखने लगी। समय मिलने पर चरखा काततीं। हमेशा सफेद खद्दर के वस्त्र पहनती।

मालवीय जी बहुत उच्चकोटी के पारखी थे। जगह-जगह से रत्न लाकर बनारस हिन्दू युनीवर्सिटि के मुकुट में जड़े। डॉ. राधा कृष्णनन्

और डॉ. शांतिस्वरुप भटनागर। आचार्य रामचन्द्र शुक्ल, कवि हरिवंश राय बच्चन, भूपेन हजारिका डॉ. राव, डॉ. नार्लीकर सब इसी बी॰एच॰यू॰ की देन हैं। काशी नरेश ने भूमि दान की। अर्द्धचन्द्राकार भूमि है। बीच में शिव जी का मन्दिर डॉ. विभूति नारायण सिंह इसे तीसरी आंख कहते थे। 1931 में माता जी बनारस हिन्दू विश्वविद्यालय से जुड़ गयी मालवीय जी उनका बहुत सम्मान करते थे वे उनके घर परिवार से भी जुड़ी रही, विशेष कर मालवीय जी की धर्मपत्नी कुंदन जी से। मालवीय जी अपने घर की चिन्ता से मुक्त होकर देश का कार्य केवल कुंदन जी के सहयोग से कर सके। वे घर का सारा कार्य अपने हाथों से करती कभी भी शिकायत का एक शब्द भी नहीं कहा। मालवीय जी अपनी पत्नी का बहुत सम्मान करते थे उन्हें 'अन्नपूर्णा' कह कर बुलाते थे। बच्चों की बीमारी में कुन्दन जी सदा माता जी को याद करती थी। मालवीय जी के चार पुत्र तथा तीन पुत्रियाँ थी। सभी पुत्र बहुत ही होनहार तथा देश भक्त थे। एक बार मालवीय जी के निवास पर हल्की फुल्की परिचर्चा चल रही थी कि गोविन्द रोते हुए आ गए- बाबू जी, हमारी गेंद रतन (साथी) ने छीन ली। मालवीय अपनी मूछों में जरा सा मुस्कुराये बोले- 'अपनी गेंद की रक्षा खुद करो। अपनी लड़ाई वहीं खत्म कर के घर आओ या तो पीट कर आओ या पिटकर, पर घर तक सूचना नहीं आनी चाहिए। कितनी सहजता से मालवीय जी ने जीवन का पाठ पढ़ा दिया, अपनी समस्या खुद सुलझाओ। डॉ. सिताबो सुबह अपने क्लीनिक में व्यस्त रहती तत्पश्चात् विश्वविद्यालय परिसर में आती। विश्वविद्यालय घर से लगभग पांच मील दूर था। मरीजों को देखने में काफी समय लग जाता था। उनकी चर्चा दूर-दूर तक फैलने लगी।

कादीपुर बनारस से अधिक दूरी पर नहीं है। वहाँ से लोग खरीदारी करने आते। बाबा विश्वनाथ के दर्शन करने आते।

डॉ. साहब के बारे में पता चला। पुराना संबंध दिखाकर कई लोग अपने परिवार की मेहरारु को भी दिखा गए। उन्होंने गाँव में घर-घर जाकर गाथा गाई। सासु जी को पता चला गया वह लठिया टेकती अपने मंझले पुत्र इन्द्रबदन सिंह को लेकर आ गयी। क्लीनिक की भीड़ देखकर आंखे चौंधियाँ गयी, यह सिताबो इतनी मशहूर हो गयी। डॉ. सिताबो ने उठकर पैर छूए हाँ-हाँ ठीक है हमको खबर भी न दी हमको पता चला तो खुद ही मिलने आ गयी। डॉ. वैसे भी कम बोलती थी चुप रही। मोक्षदा आकर उनको अन्दर ले गयी। पंखा झलने लगी बर्फ मंगवाकर ठण्डा पानी और जलजोग की चमचम खिलायी। बूढ़ी तृप्त हो गयी। खाना तैयार है माँ जी मोक्षदा ने कहा- 'न न हम नाउ कहारे का छुआ न खाते हैं।' बुढ़िया ने चाबुक फटकार दिया। दोनों बच्चियों को बड़ा बुरा लगा पर माँ ने इशारे से बरज दिया। कितना रुपया कमा लेती है ? बूढ़ी अम्मा ने पूछा- 'हम का जानी वह सब भैय्या देखते हैं।' हुम्म सारा परिवार लगा है लूट रहा है। मन ही मन सोचा। हमारे घर की सोन चिरैया किसी और डाल पर क्यों बसेरा ले। मन ही मन विचार किया। उनका बेटा इन्द्रबदन चमत्कृत था; कहाँ सिमटी मैले कुचले वस्त्रों में लिपटी सिताबो यहाँ सफेद झक साड़ी पहने प्रतिष्ठित महिला। माँ बेटे ने आँख ही आँख में इशारा किया। हाँ बहुरिया, तुम्हें तुम्हारा बेटा लक्ष्मी बहुत याद करता है। बड़ी अम्मा कैसी है। अच्छा अब तो बड़ा हो गया होगा ? डॉ. ने पूछा। हाँ चौथी दर्जा में आ गया है इन्द्रबदन बोले- अच्छा पढ़ने में कैसे हैं? डॉ. को तो शिक्षा से सरोकार था। कैसा क्या ? जैसे ठकुरन के लड़के होते हैं। बूढ़ा ने उत्तर दिया। इन्द्रबदन को यह वार्तालाप अच्छा नहीं लगा। सासु जी को सफेद धोती, देवर को धोती कुर्ता तथा लक्ष्मी के लिये मिठाई। बहुरिया गाँव में आया करो। तुम्हारी देहरी वही है। चलते समय सास जी ने कहा। देहरी सारे शरीर पर नागफनी के दंश चुभने लगे। पर परंपरा

थी। जहाँ डोला पहुंचा वहीं से अर्थी उठे। यह भारतीय नारी के मस्तिष्क में कूट-कूट कर भर दिया गया था। 'जी देहरी' सारे बदन पर कांटे उग आए। अब तो आए दिन कादीपुर से कोई न कोई पहुंचने लगा। कभी घड़े में गन्ने का रस कभी बाग के नींबू। आम के फसल में आम बोरा भर-भर कर आने लगे। अभी तक किसी ने उनकी सुध नहीं ली थी। अब चढ़ते सूरज को सभी नमस्कार करते है। एक दिन मंझली देवरानी आ गयी वह जाते समय जिठानी जी से अनुरोध कर गयी अब लक्ष्मी को अपनी शरण मे लो। गाँव में आजी के प्यार ने उसे बिगाड़ दिया है। अब लक्ष्मी सिंह डॉ. सिताबो के आंगन में आ गए। पढ़ने-लिखने में जीरो वैसे दिखने में हीरो। बड़े खूबसूरत गोरे चिट्टे और नुकीली नाक। डॉ. साहब ने पास के हरिचन्द्र स्कूल में भरती करा दिया। उनके खाने-पीने का बहुत ध्यान रखा जाता। सबको पता चल गया कि ये डाक्टर के दत्तक पुत्र हैं। बाजार के मंहगे से महंगे कपड़े उनके लिए आते। डॉ. साहब को लगा कि बेटे के लिए अलग कमरा होना चाहिए जहाँ वह स्वतंत्र रुप से रह सके। लिहाजा छत पर एक कमरा बनवाया गया वहाँ लक्ष्मी नारायण सिंह के रहने की व्यवस्था की गयी। पर डाक्टर उन पर अपनी व्यस्तता के कारण ध्यान नहीं दे पा रही थी। अच्छा रहन-सहन पर अनुशासन की डोर कमजोर थी। गाँव का किशोर शहर की चकाचौंध में खो गया। स्कूल ज़ाते तो लगता परिवार पर एहसान कर रहे हैं। कभी-कभी एक कक्षा में दो वर्ष लग जाते। घर पर माता जी ने टयूटर की व्यवस्था की पर शिक्षक की कोई पूछ न थी। मन आया तो पढ़े वरना मास्टर साहब की छुट्टी। छत पर जाकर पतंग उड़ाते। मित्रों के संग पान खाना भी सीख गए। एक बार फीस के रुपयों से मित्र मण्डली के संग होटल बाजी की, अब घर पर भय के मारे कुछ न बताया। लिहाजा नाम कट गया पर घर से दरबस्तूर समय पर निकल जाते यार दोस्तों के संग पार्क में महफिल जमाते

स्कूल के लौटने के समय घर पर हाजिर। एक दिन दास मोशाय ने उन्हें बेनिया पार्क में स्कूल के समय पर घूमते देख लिया था। वे कुछ न बोले पर स्कूल जाकर पता किया। माथा ठोक लिया- सच है दीपक तले ही अंधेरा होता है। प्रधानाचार्य को जब पता चला कि ये डॉ. सिताबो के पुत्र हैं वे आस्मान से गिरे। डॉ. का समाज में बड़ा सम्मान था। उन्होंने दास महोदय को आश्वासन दिया कि वे स्वयं लक्ष्मी पर नजर रखेंगे। किताबें भी बेच खाई थी दास ने किताबों की व्यवस्था की, फीस जमा करवाई। लक्ष्मी बाबू से वायदा किया कि आगे से ऐसा नहीं होगा। माता जी को इस विषय में कुछ न बताया जाये। दास बाबू ने कहा- 'देखो बेटा आगे से कोई गड़बड़ नहीं होना चाहिए वरना हम माता जी को बता देंगे।' लक्ष्मी ने हामी तो भरी पर मन में दास महोदय के प्रति आक्रोश भर गया। मुहल्ले के आवारा मित्रों की संख्या बढ़ गयी थी, पर दास महोदय के डर के मारे स्कूल चले जाते। दास महाशय ने पुनः टयूटर की व्यवस्था की एक गरीब बंगयुवक जो सरकारी लैंम्प पोस्ट के नीचे पढ़ रहा था और मुहल्ले की रद्दी पेपर एकत्रित कर सवाल कर रहा था, उसे माता जी के पास ले आए। माता जी ने उसकी पढ़ाई का खर्च स्वयं उठाने का निर्णय लिया पर वह स्वाभिमानी था। अतः उसे एक घण्टे लक्ष्मी सिंह को घर पर पढ़ाने का कार्य सौंपा गया। रंजीत कुमार अपना दायित्व बखूबी से निबाह रहा था। रंजीत ने लैम्प पोस्ट के नीचे पढ़कर हाई स्कूल की परीक्षा प्रथम श्रेणी में उत्तीर्ण की थी। अब वह इंटर साइंस का विद्यार्थी था। उसके प्रयासों से लक्ष्मी बाबू हाई स्कूल उत्तीर्ण हो गए। यह बात दूसरी थी कि साथ में दो बाडीगार्ड भी थे। अगल-बगल में दो पतवारों के संग नैया पार की। आजी और घर वाले बड़े प्रसन्न बबुआ पास हो गया। उनके नूरे चश्म ने खानदान का नाम रोशन किया हाई स्कूल पास करने वाले पहले व्यक्ति बने।

माता जी बहुत प्रसन्न न थी उन्होंने पूछा आगे क्या विचार है ? किसी प्रकार इंटर करने को तैयार हुए। उधर रंजीत ने बी०एस०सी० की परीक्षा पुनः प्रथम श्रेणी में पास की और बैंक में सर्विस पा गए। मिठाई का डब्बा लेकर माता जी के पैर छूने आए। माता जी ने इच्छा प्रकट की अब घर द्वार बसा लो। रंजीत के परिवार का कोई नहीं था वह पूर्वी बंगाल से आया था। माता जी के कहने से उसने अन्नपूर्णा (अन्नदा) से विवाह करना स्वीकार कर लिया। यद्यपि रंजीत ब्राह्मण थे और मोक्षदा दास कायस्थ। स्वतंत्रता की मशाल जल उठी थी, ये सब बेड़ियाँ कट रही थीं। माता जी ने पूरे विवाह का खर्च वहन किया। वधू के लिये गहने, साड़ी, बरतन लाए गए। रंजीत को भी अंगूठी, घड़ी दी। बहुत अच्छा आयोजन हो गया। माता ने दूसरी बेटी विमला जिसे वे मथुरा से लाई थी विवाह के बारे में पूछा। बलात्कार की शिकार वह बालिका आज तक नहीं उबर पायी थी। उसने विवाह के लिए साफ शब्दों में मना कर दिया। माता जी ने बहुत समझाया बेटी उस घटना के लिए स्वंय को दोषी मत मानो। उसने स्वंय को ही अपवित्र मान लिया था– 'मैं आपकी तरह समाज सेवा करुंगी आपने विधवाश्रम खोलने के लिए सोचा है उसकी देखरेख करुंगी।' माता जी ने गहरी सांस ली। विधवाश्रम के लिए एक बना-बनाया मकान खरीदा गया। वहाँ तिरस्कृत विधवा महिलाओं को आश्रय मिला। विमला ने पूरा कार्य भार संभाल लिया। महिलायें चरखा कातती, दिए रंगती सब बाजार में जाता। कुछ आमदनी हो जाती शेष खर्च माता जी उठाती। अब उनकी मदद से अनाथालय तथा विधवाश्रम चल रहा था। माता जी रिक्शे से पियरी से विश्वविद्यालय जाती थी दूरी लगभग पांच मील। (आठ किलोमीटर) थी। उस समय हाथ रिक्शे चलते थे। उनकी संपति पर सबकी गिद्ध दृष्टि लगी थी– दूर-दूराज के सबंधी मदद मांगने आ जाते। जितना भी देती उनको कम लगता। ऊँट के मुँह में जीरा। सारी कमाई अनाथों

पर विधवाओं पर लुटा रही थीं रिश्तेदार तो इसको काटते हैं। बहुत ही कम लोग आग से या धूप से जले होंगे। अधिकांश तो अपनों से ही जलते हैं। विश्वविद्यालय जाती है वहाँ पर भी दान कर रही हैं मर जायेंगी तो संबंधी ही खड़े होंगे। ऐसे ही एक ईर्ष्यालु सज्जन ने रिक्शे वाले को षडयंत्र में शमिल कर लिया। जैसे ही चढ़ाई के उपरान्त ढलान आई रिक्शा छोड़कर भाग गया। रिक्शा तेजी से ढलान पर उतरने लगा, गति इतनी तीव्र थी कि डॉ. सिताबो उतर नहीं सकती थी निरुपाय अपने को गोपाल के हाथों छोड़ दिया। रिक्शा पत्थर से जा टकराया, माता जी के सिर से खून की धारा बह निकली, वे बेहोश हो गईं। लोगों ने पहचाना अरे! ये तो डाक्टर साहब हैं। फौरन उन्हें हस्पताल पहुंचाया गया। रिक्शेवाले ने ऐसा क्यों किया समझ में नहीं आया। एक दिन कचहरी के पास लक्ष्मी बाबू ने रिक्शे वाले को पकड़ लिया मारते-मारते बेदम कर दिया। माता जी के पास लिवा आये। जब उसने षडयंत्र कारी का नाम बनाया सब अवाक रह गए। माता जी के मायके के सज्जन थे जिन्हें वह भाई कहती थी। माता जी मनुष्यता की गिरावट पर भौंचक थी। लक्ष्मी से कहा बेटा किसी को बताना नहीं। सच है घर का भेदी ही ज्यादा चोट पहुंचाता है। बाहरी शत्रुओं से तो सावधान रहा जा सकता है पर घर के छद्म हितैषियों का क्या किया जाय। बात बस इतनी थी कि उन्होंने अपनी पुत्री के विवाह के लिए मदद मांगी थी। माता जी किसी को भी खाली हाथ नहीं लौटाती थी उन्होंने यथा संभव मदद की पर उनकी आशा बड़ी थी, नौकरानी के बेटी के विवाह में इतना खर्च की। हमारे लिए मुट्ठी सिकुड़ गयी। जाने कितनों लोगों को पाल रही है। लगता है मरने पर एक भी कानी-कौड़ी न छोड़ेगी। माता जी ने उन्हें क्षमा कर दिया। अब सावधानी के लिए एक फिटन खरीदी गयी। रहमान उसके साईस थे घोड़े की देखभाल करना बग्घी को संभाल कर रखना उनकी जिम्मेदारी थी। रहमान

बेहद दुबला पतला धार्मिक व्यक्ति था, उसकी पत्नी उतनी ही तेज और लम्बी चौड़ी। क्या बेमेल जोड़ा था? रहमान जितना कम बोलते उतनी ही ज्यादा बीबी की जुबान करतनी की तरह चलती। घर में अल्लाह की देन ज्यादा थी छः बच्चे अक्सर दलिया खाकर ही गुजर होती। माता जी को मोक्षदा से सब पता चला। अब ये छः बच्चे भी उनकी शरण में थे। सबको स्कूल का वजीफा बांध दिया अच्छे नम्बरों से पास होने पर पांच रुपये का पुरुस्कार भी देती थी जो अम्मा गटक लेती थी। बच्चों के पास पैसा रहे तो बिगड़ने की संभावना रहती है। अब देखो लक्ष्मी बाबू को। रहमान घोड़ी और बग्घी को हमेशा चमकाये रखते। जैसे ही क्लीनिक की भीड़ छंटती वे बग्घी लेकर दरवाजे पर हाजिर हो जाते। माता जी विश्वविद्यालय जाकर अपने आफिस में काम देखती। धीर-धीरे विश्वविद्यालय में कन्याओं की संख्या बढ़कर सौ से अधिक हो गयी। कुछ हास्टल में रहती थी 1929 में महिला महाविद्यालय की स्थापना हुई थी। तब से माता जी उसका कार्यभार देख रही थी। मालवीय जी महिलाओं का बहुत सम्मान करते थे। नवम्बर 1910 में हिन्दी मासिक पत्रिका मर्यादा का प्रकाशन प्रारंभ किया था। संपादक लक्ष्मीधर वाजपेई जी थे। बाद में संपादन का भार डॉ. संपूर्णानंद को सौंप दिया गया था। कुछ अंको का सम्पादन उपन्यास सम्राट प्रेमचंद ने भी किया था। 1915 में 'मर्यादा' ने नारी विशेषांक निकाला था, अतिथि संपादक उमा देवी नेहरु थी। इंग्लिश पेपर 'लीडर' को जब घाटा होने लगा, मालवीय जी उस समय काशी विश्वविद्यालय के लिए भिक्षुक बने घूम रहे थे जैसे उन्हें पता चला कि 'लीडर' मरणासन्न स्थिति में है, वे अपनी यात्रा रोककर इलाहाबाद आए और 'लीडर' के लिए धन एकत्रित करने लगे। पहली झोली अपनी पत्नी कुन्दन देवी के सामने फैलाई- 'यह मत समझो कि तुम्हारे चार पुत्र हैं। यह लीडर तुम्हारा पांचवा पुत्र है। इसे मरते नहीं देख सकते।' 24 अक्टूबर 1909 को

मालवीय जी के संपादकत्व में 'लीडर' का प्रकाशन प्रारंभ हुआ। पं० मोतीलाल नेहरु इसके अध्यक्ष थे। पर 'लीडर' बन्द हो गया।

मालवीय जी शांत न बैठे, 1923 में मर्यादा के बन्द होने के पश्चात् 1925 में उन्होंने दिल्ली से प्रकाशित 'हिन्दुस्तान टाइम्स' खरीद लिया इसके लिए 40,000/- का ऋण पंजाब नेशनल बैंक के अध्यक्ष लाला लाजपत राय ने दिलवाया था। पर पाठक संख्या बढ़ने के बावजूद मालवीय जी पर वित्तीय संकट छाया रहा। उद्योग पति घनश्याम दास बिड़ला ने इसे खरीद लिया और मालवीय जी को निदेशक मंडल का अध्यक्ष बनाया। विश्वविद्यालय के कार्यों के अतिरिक्त समाज और राजनीति साथ-साथ चलते रहे। माता जी राजनीति में अधिक रुचि नहीं रखती। हालांकि वह कांग्रेस के बड़े बड़े नेताओं के संपर्क में थी बस घर में मरीज और विश्वविद्यालय। हाथ में शफा थी सो दूर-दूर से मरीज आते। धन की कमी न थी। वे अनाथालय और विधवाश्रम में भी बहुत खर्च करती। जिन बच्चों के माँ बाप नहीं या घर से भाग आए उन्हें इनके अनाथालय में शरण मिलती। अक्सर लोग वृद्धा माता को तीर्थ कराने के लिए लाते और स्टेशन पर असहाय वृद्धा को छोड़कर चले जाते। बेचारी बुढ़िया काँपते शिथिल गात से प्रतीक्षा करती रह जाती। विधाता बहुत निर्मम है। जठराग्नि दी है। सो दूसरे के आगे हाथ फैलाने को बाध्य हो जाती। कई तो अपने को इतना तिरस्कृत महसूस करती कि पूछने पर भी अपने गाँव, घर का पता नहीं बताती। कोई दयालु सज्जन मिल जाते उन्हें माता के विधवाश्रम में ले आते। वहाँ विमला उन्हें अपनी शरण में ले लेती। खाने-पहनने की व्यवस्था करती कई तो इतनी टूट गयी थी कि सूनी आँखों से देखती रहती। दर्द का दावानल अंदर ही अंदर खाए जाता। कितना कृतघ्न समाज है सूखे फूल को फेंक दिया जाता है। उसी प्रकार वृद्ध माता जी किसी काम की नहीं उसे यूं ही

छोड़ दिया जाता। माता जी कहती- 'देखो विमला इन सब दुर्भाग्य का कारण अशिक्षा है।' कोशिश करके इनको पढ़ाओ। कुछ काम धन्धा सिखाओ ताकि इन्हें लगे कि ये बोझ नहीं हैं अपना बोझ खुद उठा सकती हैं। बल्कि इनकी नीच सन्तान धरा पर बोझ है। डॉ. सिताबो को अपनो ने दुख ही दिया था। सीता का जन्म चाहे त्रेता में हुआ या कलियुग में दुख भोगने के लिए ही हुआ है। उन्हें लगता मकड़जाल में फंस कर फड़फड़ा रही हैं। अधिक समय वे मरीजों को देती और विश्वविद्यालय में लगाती। जब मरीज स्वस्थ होकर आभार प्रकट करता मन में कमल खिल जाता। यूनीर्वसिटी में छात्र-छात्रायें सम्मान देते उनका हृदय भर आता। यही मेरे अपने हैं। अनाथालय के बच्चे जब लिपट जाते यही मातृत्व है, विधवायें जब कृतज्ञता दिखाती यही बहनें हैं सखियाँ है। ऐसा लगता। सासु माँ बराबर अपने नाती (पौत्र) लक्ष्मी को देखने पधारा करती। वे प्यार से उसे 'चीनी' बुलाती। पूरा घर मिठाई प्रेमी था यह बनारस की विशेषता है। नीचे बग्घी और रहमान को देखकर भृकुटि टेढ़ी हो गयीं 'हाय दैय्या' इतना खर्चा। लक्ष्मी बाबू ने छौंक लगायी 'हाँ बड़की अम्मा। ससुरे के छै छै लरिका हैं सबकी पढ़ाई का खर्चा भी माता जी ही उठाती हैं।' एक तो उन पर नजर रखने के लिए दास महोदय ही काफी थे ऊपर से रहमान और आ गया।

बूढ़ा लठिया टेकती ऊपर गयी अपनी तरफ से बहू की बड़ी लानत-मनानत की, ऐसा शौक है तो कार खरीद लो। बड़ी दूर यूनीवर्सिटी है, इतना तो हम पंचन पैदल चले जाते हैं। जैसा कि हमेशा से होता था डॉ. सिताबो मौन रही। नीचे उतर कर अपने मरीजों में व्यस्त हो गयी। सास को बहुत नागवार गुजरा। पर यह तो उसका अर्जित था सिर पटक कर रह गयी। अपना गुस्सा बिचारी मोक्षदा पर उतारा 'वह रहमान घर में तो नहीं आता' मोक्षदा ने सिर

हिलाया। उसके बाल बच्चे ? इतनी तो मोक्षदा समझदार थी कभी कभी झूठ बोलने में ही भलाई है। बच्चे अक्सर छत पर पतंग उड़ाने आते थे अक्सर उन्हें मिठाई भी मिल जाती थी। ईद पर रहमान की बेगम सिवई बनाकर लायी थी। जिसमें से दो चम्मच डॉ. साहब ने भी खाए थे। सास जी बकझक खाना खाकर वापिस रवाना हो गयी पहले की तरह मिठाई-फल बांध दिए गए। दास महाशय ने एक्का पर बैठा दिया। बूढ़ा का बस चलता तो सबको कच्चा चबा जाती। बड़ी डाक्टरनी बनी है। सच है पीड़ा तो अपने ही देते हैं। गुण पहचानते नहीं बस अपमान ही करते हैं।

एक बित्तन (श्रीमती दास) की परम सखी माई जी थी। माई जी की लम्बाई एक वित्तन से कम थी इसका एक बित्तन को बड़ा गर्व था। माई जी के पति की मृत्यु हो चुकी थी एक बेटी थी जिसकी शादी के बाद अपना परलोक सुधारने के लिए काशी वास करने आ गयी थी। वे राधास्वामी संप्रदाय से जुड़ गयीं गेरुए वस्त्र पहनती। दीक्षा ली और अपने खूबसूरत काले बाल मुंडवा दिए। आश्रम में न रहकर उन्होंने एक प्रतिष्ठित ठाकुर परिवार में एक कमरा किराये पर लिया। बंग महिला होने के बावजूद बढ़िया भोजपुरी बोलती थी। हाथ में दंड लिए लकड़ी की खड़ाऊ पहन खट-खट डोलती नकुल दास और माई जी में बराबर वाक्‌युद्ध चलता। माई जी को देखते ही नकुल चिल्लाता *'बद बद चुरै भात। बुढ़िया कूदी अठारह हाथ'* माई जी अपना डंडा लेकर दौड़ती मरीजों का खूब मनोरंजन हो जाता। माई जी भी तुर्की उत्तर देती *'नकुल चन्द्र दास। पादे ठास ठास।'* खूब हंसी का फव्वारा छूट जाता। कोलाहल सुनकर चाबी का गुच्छा लटकाये एक बित्तन प्रगट होती अपने पुत्र को धौल जमाती और अपनी सखी को सम्मान पूर्वक अंदर लिवा ले जाती। एक बार माई जी अस्वस्थ हो गयी हल्का बुखार आ गया। एक बित्तन फौरन माता

जी के पास ले गयी दवा से माई जी को आराम आ गया उन्होंने अपने आँचल के खूंटे से एक रुपया निकाल कर देना चाहा। माता जी ने मना कर दिया- 'मैं आपकी जितनी सेवा कर सकूं कम है।' एक बित्तन ने माता जी को बताया- माई जी के पति भी कलकता में प्रख्यात डाक्टर थे। एक पुत्री है जो विवाहिता है उसके पति भी एक डाक्टर हैं। पति की मृत्यु के बाद माई जी संन्यासिनी हो गयी। उनके दामाद ही इन्हें खर्चा हर मास भेजते हैं। माता जी और माई जी में भी स्नेह का बंधन बंध गया। माई जी पर अचानक घोर विपत्ति आ पड़ी। उनके जामाता का दुर्घटना में स्वर्गवास हो गया। हम कितना भी दिखावा करे माया मोह के बन्धन से विरक्त नहीं हो पाते हैं। बेटी पर मेरे अभाग्य की छाया न पड़े। इसलिए इतनी दूर आ गयी। हा हत् भागिनी चुपचाप विलाप करने लगी। दुख की चादर बहुत लम्बी है ऐसा मनुष्य को ढंक लेती है कि वह अंधकार में डूब जाता है। उसे कुछ दिखाई नही देता। समय ही धीरे-धीरे दुख की चादर सरकाता है। पर दूर नहीं कर पाता है। सन्यासिन होने के बाद भी माई जी शोक समुद्र में डूबी रही। उनके आश्रम के कई सन्यासी उन्हें समझाने आए। समझाना सरल है सहना उतना कठिन है। मुंह ढंके माई जी पड़ी रही, हाय रे जीवन। मोक्षदा, एक बित्तन बराबर साथ रहीं बहुत खिलाने की चेष्टा की पर हलक से एक दाना भी नहीं उतरा। धीरे-धीरे लाठिया टेकते उठी- बरतन, भांडे सब खाली, कोयला खत्म। घर का किराया भी चढ़ गया। निरुपाय राय साहिब (मकान मालिक) के पास पहुंची 'भैय्या हम का करी ?' राय साहब माई जी की व्यथा से बहुत दुखी थे। गंभीर स्वर में बोले- 'भैया भी कहती हो और हम का करी ? आपकी देखभाल के लिए भाई- भतीजे हैं।' माई जी आर्शीवाद देते बोझिल कदमों से नीचे उतर गयी। राय साहब ने कड़े शब्दों में अपनी बहुओं और पत्नी को आदेश दिया माई जी को कोई कष्ट नहीं होना चाहिए जैसे रहती थीं

वैसे रहने दो। माई जी जब ऊपर आतीं तब भंडार गृह से सब बहुएं हट जाती माई जी थोड़ा-थोड़ा सामान चावल, दाल, चीनी, नमक अपनी थाली में लेकर उतर जाती केवल एक दिन भर का, कहती सन्यासी को संचय नहीं करना चाहिए। राय साहिब की दूसरी पत्नी थी छोटे गरीब परिवार से आई थी वैसे ही छोटी सोच भी थी। चिंघाड़ कर बोली- 'राय साहब ये बुढ़ियां बड़ी अभागिन है, जो भी इसकी मदद करता है, वही जग छोड़ जाता है, आपको कुछ हो गया तो मेरा और बच्चों का क्या होगा आँखों से आंसू टपकने लगे, नाक सुकड़ने लगी, सुर में सुर मिलाने लगी।

राय साहब चुपचाप बरामदे में चिंता मग्न टहलने लगे। पत्नी की आदतों से परिचित थे। बुढ़ापे में शादी का लड्डू खाकर पछता रहे थे। खंड़ाऊं की खट-खट से शांति भंग हो रही थी बहुत सोचकर बोले- 'हर बाधा की शांति होती है कोई न कोई उपाय होगा।'

सांझ को पंडित शिव बालक शास्त्री बुलवाये गए। उनके पत्रा पर सबको अटूट विश्वास था।

एक बार जब राय साहब मकान बनवा रहे थे, उनकी माता जी जीवित थीं। राय साहब नेपाल में ब्रिटिश दूतावास में कार्यरत थे। वे आए थे, तथा मजदूरों को देने के लिए एक हजार रुपये मेज पर रखकर चले गए उस समय यह रकम बहुत बड़ी थी।

चार रुपये तोला सोना था। मजदूर की दिहाड़ी चार आने तथा राज मिस्त्री की बारह आना थी।

जब नहाकर लौटे रुपया मेज से गायब हो चुका था। किसको दोषी कहे। घर में नौकर मिस्त्री मजदूर सब थे। बेटे को परेशान देख कर उनकी बूढ़ी अम्मा लठिया टेकते-टेकते पंडित जी के द्वार पर पहुंची। चवन्नी रखकर निवेदन किया, 'पंडित जी तनि पत्रा विचारी हमारे बेटवा की बड़ी मिनहत की कमाई है।' पंडित जी पत्रा देख

कर कहा' 'पैसवा घरे में बा। मिल जाई।' बूढ़ी लाठी ठकठकाते घर वापस आई। घर की दोनों बहुओं जो सगी बहनें थी लाठी से धमकाया पैसा मिल जाना चाहिए। पंडित जी कहे हैं कि तुम लोग लिए हो यह पंक्तियाँ अपने मन से कही। उनका शक इन्हीं दोनों बहनों पर था। जहाँ मेज पर रखा था वहीं मिल जाना चाहिए। हम किसी से कुछ भी न कहब। न तो राय साब से न छोटका से। घनघोर आश्चर्य जैसे रुपये कबूतर थे उड़ा पुनः वापस मेज पर आ गया। राय साहब गंभीर व्यक्ति थे सारी बात समझ गए पर कुछ न बोले। घर का महाभारत कौन चाहता है।

अस्तु संध्या को शास्त्री जी पधारे। लड्डू का भोग ग्रहण कर पानी पिया। थोड़ी देर सांस ली। उदर को स्थिर किया। ऊँगलियों पर विचारा-माई जी का भाग्य बहुत ही खराब है। पिछले जन्मों का कष्ट भोग रही हैं। पर अब सन्यासिन बन गयी है अगला जीवन सुधार लेगी। राय साहब की पत्नी व्यग्र हो उठी- 'यह तो सब ठीक है महाराज पर राय साहब वचन दे दिए हैं उसका क्या होगा।' मेरा विचार है उनसे सेवा ले ली जाय। उस सेवा के बदले में आप जो भी करना चाहे करें। इस तरह दोष मिट जाएगा। इतनी कृशकाय वृद्धा से क्या सेवा ली जाय ! राय साहब चिन्ता में डूब गए पर भंलीभांति जानते थे पत्नी कितनी कर्कशा है अपने सौतेले बच्चों का जीवन दूभर किए है माई जी को भी तंग करेगी। सोचते हुए निर्णय दिया- 'नीचे जो लेटर बाक्स लगा है उसकी चिट्ठी-पत्री लाकर ऊपर दे। अपनी देखरेख में सदर दरवाजा बन्द करवायें और सुबह खुलवायें।' पंडित जी को यह कार्य पसन्द आया उन्होंने आशीर्वाद दिया। माई जी ने सहर्ष यह सेवा अपने सिर पर ले ली। रोज खंडाऊँ खट खट कर पत्र लेकर आती। उस समय सभी बहुएँ भण्डार गृह से बाहर आ जातीं। माई जी पत्र आदि राय साहब की मेज पर रख देती और अपना राशन लेकर चली जाती।

दालमण्डी बनारस का कुख्यात इलाका है। यहाँ बाई जी लोगों का बसेरा था। या तो वे स्वयं इस नर्क में आयी या धकेली गई पर बन तो गई बाई जी ही। श्याम होते ही तबले की थाप पर घूंघरु बज उठते। अच्छे-अच्छे घरों के शरीफजादे मुजरा सुनने आते। अपनी अंटी खाली करके विदा होते। कुछ तो बाहुबलियों द्वारा धकेले जाते। रुप जीवायें पुरुषों को अपने हाव-भाव से ललचाने में व्यस्त रहती। उनके गुर्गे या दल्ले शिकार ढूंढते रहते, कहाँ बढ़िया आसामी है कहाँ कमजोर कड़ी है, मुर्गे को जाल में फंसाया जाता, पंख कतरे जाते, बाद में कूड़े के ढेर पर फेंक दिए जाते। बड़े घरों की स्त्रियाँ पर्दे में रहती थीं घर वालों के अनुशासन तले, बस घर की चार दीवारी तक सीमित रहतीं। उनकी पहुंच रसोई, आंगन और शयनागार तक ही थी। बहुत हुआ तो पंडित जी को बुलाकर सत्यनारायण जी की कथा सुन लेतीं। बधावे पर खुश होकर नाचतीं गाती बस चार दीवारी के अंदर। दिन में पति के सामने पड़ने से भी लजाती। विवाह सबंध परिवार देख कर परिवार की सहमति से किए जाते।

लक्ष्मी साहसी नहीं बल्कि दुस्साहसी था, यह स्वभाव कभी-कभी परेशानी खड़ी कर देता। अंग्रेजों ने *'फूट डालो और राज करो'* की नीति अपनाई थी। हिन्दू-मुस्लिम के बीच फूट के बीज बो दिये। समय पर बबूल के जंगल उग आए।

1940 में मुस्लिम लीग ने प्रस्ताव पारित किया कि पाकिस्तान अलग राज्य बनाया जाय इसके विरोध में महात्मा गांधी ने 'भारत छोड़ो' आन्दोलन शुरु किया। हजारों लोगों ने गिरफ्तारी दी 1175 लोगों को जान से हाथ धोना पड़ा।

1942 में बनारस की गलियों- मोहल्ले में हिन्दू मुस्लिम दंगा शुरु हो गया। लोगों का घरों से निकलना बन्द। चारों तरफ पुलिस की गाड़ियाँ सायरन बजाते निकल जाती। ऐसे में लक्ष्मी बाबू को

बाहर निकलने का शौक चर्राया साथ साथ दंगा भी देख लेंगे। दुस्साहसी किशोर अपनी समझ से चार खाने की तहमद बाँध ऊपर कढ़ाई दार कुर्ता सिर पर दुपिकया टोपी। रंग गोरा था ही जब मुस्लिम आबादी से निकलते मुस्कुराते हुए आदाब बजाते निकल जाते। हिन्दुओं के मुहल्ले से निकलते समय टोपी जेब में रख लेते कोई टोकता तो बोल पड़ते अरे! हम हिन्दू हैं देखा हमारा चुरकी। बड़ी पियरी से बनारस विश्वविद्यालय की ओर जा रहे थे दूरी लगभग पांच मील थी। हिन्दुओं के मुहल्ले से गुजर रहे थे एक सज्जन ने पहचान लिया– 'अरे तुम तो डॉ. सिताबो के बेटा हो।' लक्ष्मी बाबू पहचान लिए गए। उसने अपनी साइकिल पर बैठाकर सुरक्षित माता जी के पास पहुंचा दिया। माता जी ने अपने गोपाल को धन्यवाद दिया कि अनहोनी होने से बच गयी। बहुत बड़ी दुर्घटना इस दुस्साहस के चलते हो सकती थी। समझाया बेटा साहस समय पर सोच समझ कर दिखाया जाता है। जली अग्नि में कूदना साहस नहीं मूर्खता है। पर लक्ष्मी सिंह हमेशा अपनी मन मर्जी करते रहे। एक तो माता जी का दुलार और दादी का लाड़–प्यार माता जी अपनी सास से भय खाती थी।

ऐसे में कालेज के आगे जाल बिछाये भैरों प्रसाद बैठा था। कालेज के बाहर लक्ष्मी बाबू अपने मित्रों के संग हंसी ठठ्ठा कर रहे थे व्यक्तित्व शानदार, कीमती कपड़े, हाथ में घड़ी। भैरों ने पान वाले से पता लगा लिया कि डॉ. सिताबो के दत्तक पुत्र हैं। जेब ठनाठन भरी रहती है। जब गुड़ होगा चींटे आयेंगे ही। एक दिन लक्ष्मी बाबू से भैरों अचानक टकरा गया, 'है है माफ करना बाबू साहब।' 'न न कौनों बात नहीं, लक्ष्मी ने कहा। पर हाथ पकड़ कर भैरों चिपक ही गया बाबू आप डॉ. सिताबो के बेटवा है ना। हाँ तुमने कैसे पहचाना ? लक्ष्मी ने प्रश्न किया। चासनी में डुबो कर भैरों ने

शब्द बाण चला दिए– 'अरे बाबू साहब आपको कौन नहीं पहचानता। गेंदा बाई तो आपकी दीवानी है।' 'कौन गेंदा?' किशोर लक्ष्मी उत्सुक हो उठे। यह उमर ही ऐसी होती है। चिड़िया जाल में फंस रही है। भैरों मन ही मन मुस्कराया– 'बाबू साहब कल उससे पूछ कर बताऊँगा।' लक्ष्मी के मन में लड्डू फूटने लगे। कोई लड़की उनकी दीवानी। बार–बार बाल काढ़ कर आइना देखते। सारे विचार संस्कार पीछे छूट गए। नीचे क्लीनिक में मरीजों की भरमार दवाइंयों से महकता कमरा ऊपर से नकुल दास की बेसुरी तान।

अपने बंद कमरे में कितनी देर तक पढ़ा जा सकता है। किशोर मन उड़ने के लिए पंख फड़फड़ा रहा था। उन्हें नहीं मालूम था कि यह ऐसा गढ्ढा है जिसमें बस गिरते ही जाना है। बाहर आना असंभव है। दूसरे दिन गली के नुक्कड़ पर भैरों प्रतीक्षा करता मिला। उतनी ही आतुरता लक्ष्मी में भी थी। भैरों ने इधर–उधर देखकर चुपके से एक पत्र हाथ में थमा दिया। धीरे से फुसफुसाया– 'घर जाकर पढ़ लीजिएगा। गेंदा बाई ने दिया है।' लक्ष्मी ने कमरे में लौट कर धीमे से दरवाजा बंद किया, माता जी तो यूनीवर्सिटी चली गयी होगी। चुपचाप पत्र पढ़ने लगे कितनी सुन्दर लिखाई है। मोती टपक रहे है। आंखों को ठंडक पहुंची। उन्हें क्या पता कि पत्र कोठे में लगे मुंशी जी ने लिखा था जो थोड़ी बहुत शायरी भी कर लेते थे। 'बाबू साहब के चरणों में दासी का प्रणाम। आप हमको जानते नहीं है पर हमने आपको खिड़की से देखा तब से न दिन में चैन है न रात को ही नींद आती है। आपकी मन मोहने वाली सूरत ने ऐसा डाका दिल पर डाला है कि भूख प्यास मिट गयी। बार–बार आपको देखने की इच्छा होती है बस आपकी भोली सूरत को निहारती रहूँ। मेरा हाल तो भैरों ने बताया होगा। बस एक बार दर्शन दे दीजिए मेरी आंखों की प्यास बुझा दीजिए।' आपके चरणों की दासी–गैंदा रानी।

अठारह वर्षीय युवक यह पत्र पढ़कर झूम उठा। मन में सपने पंख लगाकर उड़ने लगे गए। कब दीदार हो इसी चिन्ता में पड़ गए। पहले सोचा पत्र का उत्तर लिख कर दिया जाए पर मन में भय उत्पन्न हुआ कि किसी और के हाथ पड़ गया तो। मारे चिन्ता के रात भर करवटें बदलते रहे। प्रातः दूध पीकर दौड़ लगाते थे आज वह भी भूल गए। माता जी ने पूछा- क्यों बेटा तबीयत तो ठीक है जरा देखूँ? अरे! नहीं माता जी जरा रात को देर तक पढ़ता रह गया। बुढ्ढी को मूर्ख बनाना आसान था। अच्छा बक्से से रुपये ले लेना कालेज में फल खा लेना। माता जी नीचे जाकर क्लीनिक में मरीजों में व्यस्त हो गयी। बक्से में दस नोट पाकर बांछे खिल गयी। बढ़िया शेरवानी और पैजामा पहना इत्र लगाया; किताबें कौन लेता। नीचे सीढ़ियों पर नकुल से टक्कर हो गयी- 'ओ रे लक्ष्मी भैय्या बड़े ठाठ-बाट है। कहाँ की सवारी है।' लक्ष्मी को बहुत बुरा लगा मन तो किया दूँ कनपटी पर एक झापड़। बोले- लाला का जन्म दिन है वही जा रहा हूँ। चौराहे पर भैरों प्रतीक्षा करता मिला। सजा-धजा देख उसकी बांछे खिल गयी। आ गया पंछी पिंजरे में। कोठे पर चढ़ते समय लक्ष्मी सिंह के पाँव ठिठके। समाज में माता जी की प्रतिष्ठा का ख्याल आया। पर चिक पीछे झाँकती मृग नयनी का निमंत्रण मना नहीं कर सके। रुप जीवा गेंदा ने खूब श्रृंगार किया था बड़ी-बड़ी आंखों के काजल के बाण बेचारा लक्ष्मी धराशायी हो गया। नाच नखरे उठा पान का बीड़ा ग्रहण कर चुपचाप दस का नोट हथेली पर धर दिया। कोर्निश बजा कर धन्यवाद किया बाबू जल्दी आना अखियाँ प्यासी हैं ? न चाहते हुए भी लक्ष्मी बाबू इस दलदल में धंसते गए। हर बार सोचते कल से नहीं जाऊँगा। पर वह कल कभी आया नहीं, कल आता आज बन जाता। अच्छा कल से और कल कभी नहीं आता। एक बार जब लक्ष्मी हाथ में गजरा लपेटे गेंदा बाई के कोठे पर जा रहे थे एक फटे हाल आदमी ने उनका रास्ता रोका। बाल लंबे, दाढ़ी

बढ़ी, आंखे धंसी, होंठ सूखे। 'ए बाबू रुक जाओ। हम गिरधर सिंह हैं। हमारा ये हाल इसी गेंदा ने किया है सारा पैसा लूट कर हमें ठोकर मार दी अब सीढ़ी चढ़ने ही नहीं देती।' तब तक भैरों अपने दो आदमियों को लेकर आ गया उसे धक्के मार कर भगा दिया वह चिल्लाता ही रहा। भैरों लक्ष्मी बाबू को फुसलाने में सफल रहा 'अरे बाबू जाने कहाँ से शराबी कबाबी आ जाते हैं। चलिए बाई जी आपका इतंजार कर रही हैं।' माता जी के बक्से से हमेशा पैसे निकाल लेते। हमारा ही तो है, यह भावना कूट कूट कर भरी थी। माता जी उन कष्टों की सजा भोग रही थी जो उन्होंने किए ही नहीं थे। बिना अपराध का दंड। विधवा होने का दण्ड, गोद सूनी रहने का संताप। सफेद साड़ी ही उनका लिबास था। अपने ससुराल वालों की घृणा का दंश झेलते हुये, उन्होंने जीवन कैसे जिया या तो वे जानती थी या उनके अंर्तयामी गोपाल। जिन विधवा माताओं के पुत्र उन्हें काशी दर्शन के बहाने ले आते और चुपचाप छोड़कर पलायन कर जाते। 'माँ यह जलेबी खाना मैं अभी आया' सूनी आंखें पुत्र की बाट जोहती रात के अंधेरे तक बैठी रहती। उस अभगिन को यह भी पता न चलता कि बेटा उसे काशी में अकेला छोड़ गया। किसी सज्जन को मिलती वे उसे विधवाश्रम 'स्नेहालय' पहुंचा देते। पटना के पास माधोपुर के कुंवर रघुबीर सिंह के पाँव बहक गए। वे अपने पास की विधवा ब्राह्मणी से प्रेम की पींगें बढ़ाने लगे। पिता ने बहुत समझाया पर प्रेम तो अंधा होता है। बिरादरी से बहिष्कृत कर दिए गए। पिता ने निर्वासित कर दिया। गाँव के बाहर मढ़ैया डाल कर रहने लगे पत्नी घरों में कुटौनी पिसौनी करती। स्वंय रेत के भट्ठे पर काम करने लग गए। जिंदगी की गाड़ी चू चरमर कर चलने लगी। दो पुत्रियों के पिता भी बन गए। जब गरीबी दरवाजे से प्रवेश करती है प्रेम सबसे पहले खिड़की से भाग जाता है। पिता सब देख सुन रहे थे। दीवारें कमजोर हो जायें तो चोट आसानी से की जा सकती है।

पुत्र को इस गरीबी के दलदल से निकलने का उपाय बताया। इन लोगों से मुक्ति पाओ बिरादरी को भोज देकर प्रायश्चित कर देंगे। अच्छी सुगढ़ कन्या से विवाह करवा देंगे। गरीबी की मार से चोटिल रघुबीर को यह विचार आया। पत्नी और दोनों बेटियों को बाबा विश्वनाथ के दर्शन कराने बनारस ले आए। स्टेशन की भीड़ देखकर माँ बेटियों की आंखें चौधियां गयी। रघुबीर ने अपना छाता पत्नी को थमा दिया यही रुको मैं तांगा तय करके आता हूँ।

स्टेशन के दूसरी ओर जाकर दूसरी गाड़ी पकड़ वापस पटना। माँ बेटियाँ छाता पकड़े प्रतीक्षा करती रह गयी। किसी उदार मना सज्जन ने इन लोगों को भी स्नेहालय में आश्रय दिलवा दिया कम से कम दालमण्डी जाने से तो बच गयी।

डा. सिताबो ने अपने को निराशा के दलदल में नहीं धंसने दिया। अपने को कृष्ण को समर्पित कर दिया। बलात्कार की शिकार नारियों को कृष्ण ने अपना नाम दिया उन्हें आदर दिलवाया। कुंती पर अन्याय के प्रतिरोध में उसके पुत्रों के संग खड़े रहे। धर्म क्या है उसकी परिभाषा ही कृष्ण है। कृष्ण की भक्ति में लीन वे राधा और मीरा की भांति डूब गई। निराश्रित विद्यवाओं परित्यक्त युवतियों का सहारा बन गयीं। विधवाश्रम में इन महिलाओं को आश्रय मिलता। अनाथालय चल ही रहा था। माता जी का प्रभाव और पैसा जितना बढ़ता जाता उतना ही मुक्त हस्त से दूसरों की सेवा में लगाती। माई जी बहुत प्रसन्न हुई– जितना मिलता है डाक्टर उतना खर्च कर देती हो। भगवान और देगा। माता बोली– मैं किसी का भाग्य तो नहीं लिख सकती पर रबर की तरह कुछ दुख दर्द तो मिटा सकती हूँ।

जीवन गंगा की तरह बहता रहता है। एक दिन दास महोदय ने लक्ष्मी बाबू को दालमण्डी से निकलते देख लिया। शेरवानी पहने हाथ में गजरा लिए कोठे से निकल रहे थे पानी सिर से ऊपर गुजर

चुका था। माता जी से बता दिया। समाज में सब लोग उन्हें माता जी के पुत्र के रुप में जानते थे।

बदनामी डॉ. सिताबो की ही होनी थी। माई, एक बित्तन दास और माता जी गहन चिन्ता में डूब गई। लक्ष्मी को न तो डांटा-फटकारा जा सकता था न समझाया। ऊपर से आजी का वरद् हस्त। माई जी की सलाह थी कि लक्ष्मी का विवाह कर दिया जाय। घर में बहू आएगी तो सुधर जाएगा इधर-उधर मुंह नहीं मारेगा। माता जी डाक्टर ने गहरी सांस ली, कितना आसान उपाय है विवाह। क्या वे अपने पति को सुधार पायीं ? माई जी अपनी ही रौ में बोलती चली गयीं। उन्हें राय साहिब की बेटी दया का ख्याल था। बेचारी लड़की, उसकी दुर्गति सौतेली माता के हाथों देख रही थीं। दया को माता जी जैसे ममतामयी माँ का संरक्षण मिल जाएगा, बेचारी सौतेली माँ के प्रकोप से बच जाएगी।

माता जी को बताया एक कन्या मेरी नजर में है। दुखियारी बिटिया की मदद भी हो जाएगी। परिवार अच्छा और शिक्षित है। घर द्वार अच्छा है। लड़की छठी तक पढ़ी है। बस माँ सौतेली है। घर के काम-काज में निपुण है। मैं तो रोज ही देखती हूँ। शिक्षित परिवार के बारे में जानकर माता जी ने हामी भर दी। शादी कराने का जिम्मा माई जी ने उठा लिया। वे दया पर होने वाले अत्याचारों से दुखी थी। माई जी ने स्वयं देखा था एक बार सौतेली माँ का आदेश हुआ जाओ पुआ बना लाओ। 'अम्मा कैसे पता चलेगा कि घी गरम हो गया' दया ने पूछा। चूल्हे पर रखी कढ़ाई में घी गर्म हो रहा था। वह आटा घोल रही थी। माँ ने कलछूल से घी दया के पैर पर डाल दिया, दया का पैर जल गया। हाँ! अब पता चला कि घी गरम हो गया है। पैर पर कपड़ा लपेटे वह चुपचाप पुए तलती रही। माई जी किसी प्रकार उसको इस नरक से मुक्ति दिलाना चाहती थी। आकर

राय साहब से वर तथा माता जी के विषय में चर्चा की। माता जी से तो सब परिचित थे। श्रीमती राय साहब ने अपनी अमूल्य राय रखी- माँ इतनी बड़ी डाक्टर है इतना बड़ा घर है। तिलक ज्यादा लेगी। माई जी सौतेली माँ के गुणों से तिक्त बोली- वे गांधी बाबा की चेली हैं। बहुत सादगी पसंद है। राय साहिब को रिश्ता बेहद अनुकूल लगा। वे दया के दुख से दुखी थे पर पत्नी के भय के कारण चुप ही रहते थे। दया के बड़े दो भाई जो इंटर में पढ़ रहे थे। जब अग्रजों को पता चला कि दया का विवाह लक्ष्मी के साथ हो रहा है। उन्होंने बगावत की उन लोगों को लक्ष्मी के बारे में पता था। उस समय पिता की हिटलर शाही चलती थी। राय साहब ने दोनों बेटों को बहुत फटकारा माता जी का कितना नाम है। कितनी सभ्य और प्रसिद्ध महिला है। ऐसे परिवार के संग रिश्ता जोड़ना कितने गर्व की बात है। तुम लोग कुछ समझते ही नहीं। छोटा तेज स्वभाव का था बोला- 'ब्याह बिट्टी का लक्ष्मी के संग हो रहा है न कि माता के संग। लक्ष्मी महानालायक है।' पिता के आगे चरित्र- चित्रण करने में लज्जा आई। राय साहब क्रुद्ध हो गये, चिल्लाये, 'लाना तो मेरी तलवार।' बाप के आगे जबान चलाते हैं। मेरी नजरों से दूर हो जाओ बस कुछ अनर्थ हो जाएगा। विमाता दौड़कर सही में तलवार ले आयी। उन्हें पिता पुत्रों के झगड़े में अत्यन्त सुखद अनुभूति हुई।

दोनों अग्रज अभी पढ़ रहे थे। आर्थिक दृष्टि से पिता पर निर्भर थे। दोनों शादी में न सम्मिलत होकर नाना के घर चले गए। इससे अधिक विरोध न कर सके। उसी दिन तिलक की रस्म होनी थी दोनों भाई तो मैदान छोड़कर पलायन कर गए थे; इसलिए दो वर्षीय सौतेले भाई से तिलक की रस्में करवायी गयी। माता जी को सारी बातें पता लग गयी पर निमंत्रण बांटे जा चुके थे। गाँव से सारे घर वाले आ गए थे, छत पर शमियाना ताना जा चुका था। माता जी के निमंत्रण में गण मान्य लोग तथा कांग्रेस के नेता आ गए। बिमाता ने

अपना खेल-खेल दिया। पतली सी चांदी की तश्तरी में गिन्नी थोड़े से फल, मिठाई और मेवे भिजवा दिए। माता जी स्वयं ही दहेज विरोधी थी पर आजी ने आसमान सिर पर उठा लिया। हंगामा कर दिया- 'हमारो सोने जैसा बेटवा कौड़ियों के मोल जात बा।' वे और भी गर्जन-तर्जन करती, पर माता जी ने इशारे से चुप करा दिया। चुपचाप नाई के हाथों सामान अंदर भिजवा दिया। 'का चढ़ावा मिला।' नारी मंडली खुसुर पुसुर करती रह गयी। राय साहब ने भेंट में माता जी को 101/- रुपया देना चाहा पर उन्होंने शगुन का बस 1/- रुपया लिया। आजी, वर की माँ और शेष महिलायों को ग्यारह-ग्यारह रुपया दिया गया।

छत पर पंगत बैठ गयी। पत्तलों में खाना परोसा गया। गरमा गरम बनारसी कचौड़ियाँ, दो तरह की सब्जी, दही बड़ा साथ में पंचमेली मिठाई। परोसने वाले आग्रह करके खिला रहे हैं। लोग प्रेम से भोजन का आनंद उठाते रहे। खाने के बाद पान प्रस्तुत किया गया। पंडित जी ने पन्द्रह दिनों के बाद शादी का मुहुर्त बताया। गाँव की महिलाओं ने सारा कार्य अपने हाथ में लिया। दिन भर ढोलक की थाप पर गीत-संगीत और नृत्य चलता रहा। हाँ! विधवा होने के कारण डॉ. को इन सब आयोजन से दूर रखा गया। बड़े प्रेम से बरज दिया, न असगुन न करो, पीछे जाकर बैठो, शुभ काज में तुम्हारी कोई जरुरत नहीं है। तिरस्कृत माता जी उठ गयी। वे अछूत थी पर उनका पैसा अछूत नहीं था। हल्दी उन्हीं के पैसे से आई थी पर वह स्वीकृत थी। वाह रे समाज! दुखी को और दुखी करके असीम आनंद प्राप्त करते हैं। स्त्री ने पुरातन काल से खोया अधिक है पाया कम। उसे जो अधिकार मिलना चाहिए था कभी नहीं मिला। सच है स्त्रियाँ हमेशा दो मोर्चे पर लड़ती रहती हैं। एक घर में और बाहर भी। अपने अंतर में भी द्वन्द चलता रहता है बाहर भी। किसी ने सच

कहा है दुनिया अगर चार पहाड़ों के बोझ तले पिस रही है तो औरत पर पाँच पहाड़ों का बोझ है और यह पांचवा पहाड़ पुरुष की सत्ता का है। स्त्रियाँ प्राय: खामोश रहती है यह मौन ही उनकी वाणी है। माता जी को दुखी देखकर अनायास कुंदन जी ने पूछ लिया सब काम ठीक से चल रहा है। माता जी बोली भौजी में तो बस कर्म करती हूँ आगे मान, अपमान सब गोपाल का दिया हुआ है। चोट गहरी थी। कुन्दन जी सब समझ गयी। डॉ. सिताबो आगे बोली– *'अस्पृश्यता समाज का कोढ़ है और विधवा का जीवन खाज।'* महामना की महत्वपूर्ण सेवा अत्योजोद्धार थी उन्होंने 1901 में दलित वर्ग की दुर्दशा की ओर ध्यान आकर्षित किया था। इससे पहले हिन्दू समाज और हिन्दू धर्म प्रवर्द्धिनी सभी हिन्दू धर्म के उत्थान के संग दलितों को भी मुख्य धारा से जोड़ने में लगी थी। मालवीय जी ने 1921 में अंत्यजोद्धार सभा गठित की थी। उन्होंने सनातन धर्म सभा में प्रस्ताव पारित कराकर अस्पृश्यता की कोटि में रखी गई जातियों को सनातनी का दर्जा दिलवाया। शिवमंत्र की दीक्षा देकर परमात्मा की उपासना का अधिकारी बनाया। सबको देव दर्शन सुलभ कराया। वे चाहते थे कि वे जातियाँ भी शिक्षा के ज्ञान से अनभिज्ञ न रहें। उनका कहना था विद्या, कुल की, जाति की, रुप की और पुरुष सम्बन्धी पात्रता की परवाह नहीं करती। किन्तु जो भी पढ़ता है विद्या उसका उपकार ही करती है। कुन्दन जी ने सिर हिलाया 'देखिए आपने विद्या अर्जित की डाक्टर बन कर कितनों का भला किया। अपना जीवन संवारा और न जाने कितनों को सहारा दिया।' माता जी धीरे से मुस्कुराई, 'न भौजी मैं तो बस कर्म करती हूँ बस गोपाल जी की मर्जी।' कुन्दन जी से बातें करके तपते हृदय पर कुछ मरहम लगा। अपनों से दुख और दूसरों से सुकून। वहीं पियरी में घर में शोर शराबा गूंज रहा था नीचे मर्द रिश्तेदार हॉक लगाते। 'तनिक पानी पिये को लाव, पान लाव।' पानी सादा नही उसके संग कसोरे में बूंदी

या पेड़ा लाया जाता। बाहर गली कुल्हणों-पत्तलों से भर गयी। भारतीय सफाई का उत्कृष्ट नमूना। मोक्षदा दिन भर दौड़ती रहतीं, बाहर का इतंजाम दास महाशय देख रहे थे रहमान अपनी बग्घी को चमकाने में लगा था। आजी का सख्त आदेश था यह लोग अंदर नहीं आने चाहिए। बहू के लिए कठोर शब्द उच्चारित किए- 'इनके घर में सगरो जात और धर्म के मनई आत है हमरो धर्म बिगाड़ देगी।'

माता जी के आदेश के कारण मोक्षदा बाद में रहमान की पत्नी और बच्चों को छुपा कर खाना देती। बच्चों को मिठाई बहुत पसन्द आती वे बार-बार मांगते। मौसी गलका भी देना, गलका आम का मीठा मुरब्बा था। मोक्षदा ने एक मिट्टी की हांडी में भरकर दे दिया। पैसा बरस रहा था, पैसा पानी की तरह बह रहा था। विवाह वाले दिन सुबह से ही नौबत बजने लगी, शहनाई की मधुर आवाज गूंजने लगी। माता जी के बेटवा के चाचा, फूफा, पिता सब बढ़िया धोती-कुरता पहने सिर पर पगड़ी बांधे तैयार हो गए। सारे वस्त्र माता जी कृपा से थे। गैस हण्डे वालों ने गैस से प्रकाश कर दिया। सबसे आगे बैण्ड चल रहा था उसके पश्चात अनाथालय के बच्चों की टोली ड्रम बजाती चल रही थी। रहमान ने अपनी फिटन सजा उस पर दूल्हे को बैठाया। घर की महिलायें मंगलाचार कर रही थी और पैसे लुटा रही थी। पैसे लूटने में रहमान के बच्चे आगे रहे हालांकि रहमान ने कई बार आंखें टेढ़ी की। अनाथालय के बच्चे बड़े खुश थे, आखिर आज वे माता जी की सेवा में बैण्ड बजा रहे थे। उनको पता था कि माता जी ने ही भूमि देकर अनाथालय बनवा दिया था।

पूरी गली बारातियों से भर गयी, धीरे-धीरे चल बाराती राय साहब के दरवाजे पहुंचे। मौर लगाये, पीला जामा पहने लक्ष्मी बड़े सुन्दर लग रहे थे। महिलायें गीत गाने लगीं द्वाराचार की रस्म शुरु की गयी राय साहब ने वर के पांव धोकर आवभगत की। सबको सादर

आंगन में लाया गया। जेवनार शुरु किया। सात्विक रसोई थी, पूरी कचौड़ी, सब्जी- रायता और मिठाई। कई लोगों ने कलिया न देख आंखे तरेरीं रायसाहब ने करबद्ध निवेदन किया। हमारे यहां कन्या दान तक न मांस-मछली खाते हैं न खिलाते हैं। आप लोगों के लिए बाद में प्रबंध हो जाएगा। ज्यादातर बाराती भोजन करके जनवासे चले गए क्योंकि बाई जी का नाच नहीं था। माता जी इन सबकी घोर विरोधी थी। लक्ष्मी का वश चलता तो गेंदा बाई को अवश्य निमंत्रण देते। तारों की छांव में मंडवे तले लक्ष्मी-दया का विवाह संपन्न हुआ। दोनों भाई विवाह में अनुपस्थित रहे। महिलायें गीत गाने लगी *'धार न टूटे बहना हो जाएगी पराई रे'* नन्हें से सौतेले भाई ने कन्यादान में पानी की धार डाली।

दूसरे दिन कच्ची रसोई जिसमें चावल, कढ़ी, बड़ा आदि परसा गया, के बाद विदाई हो गयी। हरेक बाराती को पांच रुपया तथा वर के पिता को लोटा, धोती-कुर्ता दिए गये। खिचड़ी की रस्म में लक्ष्मी बाबू को घड़ी, साइकिल, अंगूठी दी गयी। माता जी के आदेशानुसार सारी रस्में शांति पूर्वक सपन्न हुई वरना ठाकुरों की बारात बिना लड़े-भिड़े कहां लौटती है। शहनाई की करुण ध्वनि के बीच दया सौतेली माँ से लिपट कर खूब रोयी। अम्मा जी नाक सुकड़ते हुए पीछे न रही। राय साहब चुपचाप अपनी आंखें पोंछ रहे थे। जब दया डेढ़ वर्ष की थी तब उसकी माँ नहीं रही। नन्हीं सी बच्ची इतने दिनों विमाता के अत्याचारों से दबी थी। दिन भर उससे काम करवाती, गलती होने पर पिटाई पर बेचारी पिता से कभी शिकायत नहीं करती। जब उसका पैर जल गया था तब भी पिता से कुछ न कहा। राय साहब ने गहरी सांस ली, चलो बिटिया का उद्धार हो गया, नरक से स्वर्ग में जा रही है। पर उन्हें क्या पता था कि बेचारी अच्छा भाग्य लिखवा कर नहीं आयी थी। कुछ लोग नरक की आँच ही जीवन

भर सहते रहते हैं। चादर में ढकी हुयी ससुराल पहुंची उसकी सास ने परछन किया। माता जी को पीछे रखा गया। ढकी-मुंदी दया को ऊपर कमरे में बैठा दिया गया। घर, पड़ोस की महिलायें मुंह दिखाई की रस्म में लग गयीं। घूंघट उठाती वधू के हाथ में रुपया थमातीं और खुसुर पुसुर में व्यस्त हो जातीं। आजी ने पोत बहू का घूंघट उठाया सांवला रंग देखते ही चीखने लगी, 'अरे हमारे सोने से बेटवा को यह कोयले की बोरी थमा दी गयी। डाक्टर सीता को गालियों से नवाजा गया, हमारे पोता के संग धोखा की। हमारे संग विश्वास घात की। अरे! किस जन्म का बदला लिया। डॉ. ने बहुत समझाना चाहा अम्मा सांवली है तो क्या हुआ। नाक- नक्शा देखिए, गठन देखो, आंखें कितनी सुन्दर हैं। पर आजी का विलाप चलता रहा। सारी महिला मंडली भी उनके सुर में सुर मिला रही थी। यहां तक कि लक्ष्मी सिंह की माँ भी जो स्वंय सांवली थी। सबके अंतर में ईर्ष्या का ज्वालामुखी सुलग रहा था। समय मिलते ही लावा बाहर आ गया। बेचारी नव वधू ऐसा स्वागत देखकर हतप्रभ थी। बाहर डाक्टर अपनी सासु को समझाने की पूरी कोशिश कर रही थी। देखिए अम्मा गुण देखा जाता है *'सोने के कलश में रखा विष और मिटटी के घड़े का पानी'* आप किसको लेंगी। आजी तर्क- वितर्क पर ध्यान नहीं दे रही थी। हमेशा डॉ. सिताबो को नशतर चुभोना उनकी पुरानी आदत थी। अपना देखो खुद कितनी गोरी चिट्टी है हमारा नाती कितना गोरा सुन्दर है। 'अरे कुल बोरनो काहे उसकी जिंदगी के संग खेला की।' एक शरारती बहू बोली- चलो, अम्मा काजल का टीका लग गया अब लक्ष्मी पर नजर नहीं लगेगी। बूढी आजी गरमाती गयी; अंदर से सिताबो के प्रति आक्रोश अब बेचारी दया पर उबल रहा था। जितना समझाने की चेष्टा की जाती उतना ही क्रुद्ध हो गयीं। नाराज होकर बिना खाए-पिए कादीपुर रवाना हो गयीं। पीछे-पीछे सारा परिवार भी गाँव चला गया चौथी तक कोई न रुका। शादी-ब्याह

या किसी भी घरेलू आयोजन में हर घर में तूफान आ जाता है। फिर शांति छा जाती। शायद मानव स्वभाव ही लड़ने-झगड़ने का है। दया के तपते हृदय पर फुहार तब पड़ती जब माता जी उसे बहू करके बुलातीं। उन्होंने बड़े प्रेम से रसोई छुआई और गले का हार दिया। रात में लक्ष्मी बाबू कमरे मे आए। दादी ने बहुत भर दिया था। काफी नाखुश थे। अपनी तरफ से जूतों की नोक पर रखा। 'देखो आ गयी हो पर हमारे किसी काम में दखल न देना वरना जहां से आई वहीं पहुंचा दूंगा।' गरज कर बोले। बेचारी बालिका वधू गठरी बन सिमट गयी। पति धर्म निबाह कर लक्ष्मी मुंह फेर कर सो गए।

चौथी लेकर दोनों भाई आ गए। डॉ. सीता ने मुस्कुरा कर कहा- 'क्या भाई हमसे भी नाराज हो।' स्नेह से भरी वाणी सुनकर दोनों भाई लज्जित हो गए। जब उन्हें पता चला कि बड़ा भाई शिव मोहन बी. एच. यू. में इंजीनियरिंग की पढ़ाई करने आ रहा है बड़ी प्रसन्न हुई बेटा वहां कोई समस्या हो तो मुझे बताना। दोनों लड़कों को इतना प्यार बहुत दिनों बाद मिला था माता जी के प्यार की सनी वाणी में दोनों इतना भीग गए कि अपने बहनोई के चरित्र को भूल गए। अपनी बहिन के भाग्य पर उनको गर्व हो आया। बहन को विदा करवा कर घर ले आए। 'कहिए साहब जादों वहां कैसा रहा ?' राय साहब ने पूछा। दोनों भाई सिर झुकाये खड़े रहे। अब उन्हें किसी से कोई शिकायत नहीं थी। शिव मोहन मेटालर्जी विभाग में इंजीनियरिंग कर रहे थे जब कि उनसे छोटे मदन मोहन को दिल्ली इंजीनियरिंग करने भेज दिया गया। यह भी विमाता की चाल थी, दोनों भाई दूर-दूर रहेंगे तो दूरी बढ़ेगी प्यार कम होगा।

राय साहब नेपाल दूतावास में काम कर रहे थे। दोनों बड़े पुत्र इंजीनियरिंग कर रहे थे। उस समय पूरे परिवार को साथ लेकर चला था। राय साहब के निठल्ले भाई भी उनके साथ रहते थे। यहां

बनारस में उनका ही मालिकाना चलता था। हर महीने नेपाल से मनीआर्डर आ जाता चच्चा के नाम। चच्चा पक्के ठाकुर थे शान से रुपया लेते। पहले पैसे से जुये में चढ़ावा चढ़ता, कोठे पर घूंघरुओं की झनकार सुनी जाती। यदि जुये में जीत गए तो शिव मोहन की फीस समय पर मिल जाती। अक्सर हाथ झाड़ कर जुआरी वाली स्थिति होती। शिव मोहन यूनिवर्सिटी से पैदल पियरी तक आते, मुंह लटका कर वापस चले जाते।

एक बार बरसते पानी में भीगते हुए पियरी आए। देवरानी जिठानी जो सगी बहनें भी थी मुंह बिचका कर बोली 'चच्चा घर में नहीं हैं।' अन्दर आने को भी नहीं कहा। बुरी तरह भीगा कांपता युवक सोच रहा था कि यदि उसकी सगी माँ होती तो क्या इस बारिश में वापस जाने देती। ऊपर से बादल बरस रहे थे। इधर आंखें। लौटते समय एक बित्तन की नजर पड़ गयी। वह दया के भाई को पहचानती थी फौरन अपने घर बुलाया, तौलिया बदन पोंछने को दिया। भीगे कपड़े सूखने को डाले। अंगीठी जल रही थी। 'बाबू इसके पास बैठ जाओ।' जल्दी से चाय बना कर दी। शिव मोहन सोचते रहे माँ का दिल भगवान ने सबको दिया है बस कुछ उस पर शिला रख लेती हैं। माता जी उनका उदास चेहरा देख सब समझ जाती। चुपचाप दास महाशय से कह कर फीस जमा करवा देतीं ताकि उसे क्लास में लज्जित न होना पड़े। बाद में चच्चा जब फीस के रुपये देते शिव मोहन ने माता जी को वापस करना चाहे। मधुर मुस्कान से मना कर दिया, आगे की फीस के लिए संभाल कर रखो। कालान्तर में शिव मोहन ने आर्डनेन्स फैक्ट्री में सेवारंभ की और महाप्रबन्धक के पद से सेवा निवृत हुए। पर उन्हें झुर्रियों से भरा स्नेह भर स्पर्श सदा स्मरण रहा। उस समय बनारस में प्रेमचन्द और प्रसाद जी का बोलबाला था। एक बार बी॰ एच॰ यू॰ की किसी गोष्ठी में

प्रसाद जी निमंत्रित किए गए। प्रसाद जी ने एक कोने में आसन ग्रहण किया। सारे वक्ता अंग्रेजी में धुँआधार भाषण दे रहे थे। प्रसाद जी ऊब गए, शाल लपेट कर चुपचाप सभागार से बाहर आ गए। किसी छात्र ने उन्हें जाते देख लिया। अरे! प्रसाद जी तो जा रहे हैं। अब क्या था, प्रसाद जी आगे छात्र की भीड़ उनके पीछे। प्रसाद जी ने पूछा– भई आप क्या चाहते हैं। समवेत स्वरों में उत्तर मिला– *'आपकी कवितायें सुनना'* प्रसाद जी एक चबूतरे पर चढ़ गए। उद्घोष हुआ। 'हिमाद्रि तुंग श्रंग से प्रबुद्ध शुद्ध भारती, स्वंय प्रभा समुज्जवला स्वतंत्रता पुकारती। असंख्य कीर्ति रश्मियाँ विकीर्ण दिव्य बल जी, सपूत मातृभूमि के रुको न शूर साहसी। अराति सैन्य सिंधु में, सुबाड़ वाग्नि से जलो। प्रवीर हो जयी बनो, बढ़े चलो।

अमर्त्य वीर पुत्र हो, दृढ़ प्रतिज्ञ सोच लो,
प्रशस्त पुण्य पंथ है– बढ़े चलो बढ़े चलो।

यह प्रयाण गीत चारों दिशाओं में गूंजने लगा। उधर सूर्य अपनी लालिमा समेटे अस्ताचल की ओर प्रस्थान कर रहे थे इधर स्वतंत्रता का सूर्य उदय हो रहा था। छात्र कदम से कदम, ताल से ताल मिला कर चल रहे थे। कुछ प्राध्यापक रुष्ट हुए, वे छात्रों पर कार्यवाही करना चाहते थे पर मालवीय जी ने रोक दिया। मन ही मन गर्व से भर उठे। स्वतंत्रता की ज्योति जल उठी थी। 1930 में सविनय अवज्ञा आन्दोलन में मालवीय जी को बम्बई में गिरफ्तार कर लिया गया। जिस पर भगवान दास जी ने कहा मालवीय जी को पकड़ा जाना राष्ट्रीय यज्ञ की पूर्णाहुति है। इस विरोध में प्रदर्शन करने विश्वविद्यालय के बहुत से छात्र तथा छात्रायें बंबई गए। 26 जनवरी 1930 को पूर्ण स्वराज्य की माँग की गई। गांधी जी नमक सत्याग्रह की यात्रा डांडी मार्च 6 अप्रैल 1930 से प्रारंभ हुई। जगह–जगह समर्थन में लोगों ने जुलूस निकाले। एक पद यात्रा में माता जी भी गिरफ्तार कर ली

गयीं। पर कांग्रेस पर लगा प्रतिबंध जल्दी ही हटा लिया गया और सारे कार्यकर्त्ता जेल से रिहा कर दिए गए। देश की स्वतंत्रता की अग्नि भड़कती जा रही थी। भगत सिंह राजगुरु और सुखदेव को फाँसी की सजा सुनायी जा चुकी थी। यद्यपि कांग्रेस ने इन बलिदानियों को महत्व नहीं दिया फिर भी जन मानस इनके पक्ष में था। 1937 में कांग्रेस को राज्य संघों में बहुमत मिला। किन्तु 1939 में वायसराय लिनलिथगो ने भारत से बिना पूछे द्वितीय विश्व युद्ध में सम्मिलित कर लिया। कांग्रेस ने अपने चुने हुए सदस्यों को फौरन त्यागपत्र देने के लिए कहा। बनारस हिन्दू विश्वविद्यालय के छात्र इन सब स्वतंत्रता की चिगांरियों से अछूते न थे। वे विस्मिल आजाद भगत सिंह क्रांतिकारियों के भक्त थे। इस समय प्राध्यापकों को बहुत श्रम करना पड़ रहा था। वे छात्रों को न तो राष्ट्रीयता से विमुख करना चाहते थे, न ही शिक्षा से जो परम आवश्यक थी, पहले ज्ञान अर्जित कर लो, फिर देश सेवा में आ जाना। मालवीय के साप्ताहिक पत्र 'अभ्युदय' ने कई क्रांतिकारी विशेषांक प्रस्तुत किए। इनमें *'भगत सिंह अंक'* और *'सुभाष चन्द्र बोस'* विशेषांक की शृंखला शामिल है। *'भगत सिंह अंक'* को तो ब्रिटिश सरकार ने जब्त कर दिया था। सपांदक कृष्णकांत मालवीय को जेल जाना पड़ा।

हम हमेशा से सुनते आए हैं कि नारी कमजोर होती है पर हर युग में साहसी महिलाओं का अस्तित्व रहा है। जो क्रांति की शुरुआत करने के लिए पुरुषों और समाज के पिंजरे को तोड़ कर बाहर आयी। औरत कभी कमजोर नहीं रही, उसे कमजोर समझना गलत है। उसकी स्वाभाविक करुणा और सहानुभूति की गलत व्याख्या की जाती है। यदि स्त्री अपने अंदर की शक्ति को पहचान ले तो वह पुरुष से ज्यादा ताकतवर है। जब वह अपनी आंतरिक शक्ति को विकसित कर लेती है, संसार स्वर्ग बन जाता है। प्यार और करुणा

जीवन का अंग बन जाते हैं। 1937 में डॉ. सिताबों बाई ने विश्वविद्यालय को जो दान दिया था उससे एक बंगला बनवाया गया, वे जीवन पर्यन्त वहां रह सकती थी; उनकी मृत्यु के उपरान्त उन्होंने वसीयत की मकान व किराये से दो छात्राओं को छात्रवृति प्रदान की जाये। बीच-बीच में ही वे भरसक प्रयास करती कि उनकी कमाई का पूरा अंश विश्वविद्यालय को ही मिले। इस बीच लक्ष्मी बाबू दो बच्चों के पिता बन चुके थे। तीन वर्ष की पुत्री प्रेमा तथा एक साल का पुत्र गोपाल। गोपाल नाम माता जी ने रखा था उससे बहुत ही स्नेह करती। उसे गोद में बैठा कर अपने गिरधर गोपाल की पूजा करती। गोपाल धीरे-धीरे बड़े होने लगे, माँ की तरह सांवला रंग था, अतः लक्ष्मी जी को पसन्द न था। अपनी तोतली बोली से सबका मन मोह लेता था। वृद्धा वस्था में बचपन अपने पोते-पोतियों में दिखायी देता है। दादा-दादी अपने पोते-पोतियों को इसीलिए बहुत प्यार करते हैं कि उनकी निश्चल हंसी में अपना दुख भूल जाते हैं कुछ पलों के लिए ही सही। माता जी गोपाल से विश्वविद्यालय जाने से पूर्व विदा लेकर जाती। क्या लाऊं बेटा आपके लिए। गोपाल लेमन जूस की फरमाइश करता। खट्टी-मिट्ठी गोली बच्चों को बहुत प्यारी लगती थी। वह खिड़की की छड़ों को पकड़े माता जी का इतंजार करता। माता जी दया को बहू कह कर बुलाती। वह भी अपनी माँ को बहू कह का पुकारता। माता जी के बहुत समझाने पर भी 'माँ' को बहू ही कहता रहता। बच्चे जो आस-पास देखते हैं या जिससे बहुत प्रभावित होते हैं वही नकल करते हैं। कुन्दन जी इलाहाबाद रहने लगी। दिसंबर में उत्तर भारत में कड़ाके की ठंड पड़ती है। कोहरा छा जाता है ऐसे समय जब वे आग ताप रही थी कपड़ों ने आग पकड़ ली। भारतीय नारी लज्जा की मूर्ति होती है अतः वे जल्दी से साड़ी खोल न सकी। जब तक कोई उन्हें बचा पाता वे काफी झुलस गयीं। मालवीय जी को पता लगा वे फौरन इलाहाबाद

आ गए। शायद वे केवल मालवीय की प्रतीक्षा कर रही थी। जैसे ही वे अपनी अन्नपूर्णा के समक्ष पहुंचे उन्होंने प्राण त्याग दिए। सन 1940 की बात है। 1878 से उन दोनों का साथ था। मालवीय जी अपनी पत्नी का बहुत सम्मान करते थे जब उन्होंने बी. ए. की परीक्षा पास की थी, घर में दीनता थी। अन्न-वस्त्र का क्लेश था। माँ और कुन्दन फटी साड़ियाँ सिल कर पहन लेती थी। मालवीय जी ने पूछा तुमने कभी अपनी सास से खाने-पहनने की शिकायत नहीं की।' अन्नपूर्णा बोली जितना घर का कोना-कोना वे जानती हैं वह मैं भी जानती हूँ। वे कहाँ से देती। मेरा दुख सुनकर रो देती। कालान्तर में मालवीय जी जब पहले अध्यापक बने 40/- मासिक वेतन पर धीरे-धीरे घर की दशा सुधरने लगी कुन्दन जी ने कभी गर्व नहीं किया, घर का सारा काम स्वयं करती। 1919 से 1939 तक काशी हिन्दू विश्वविद्यालय के कुलपति तथा मृत्यु पर्यन्त तक रेक्टर रहे। कुलपति का पद त्यागने के पश्चात विश्वविद्यालय परिसर के बाहर अपने पुत्र के निवास पर रहने की घोषणा की तो विद्यार्थी उनके रास्ते में लेट गए। सभी का कहना था कि आपको यदि जाना है तो हमें कुचल कर जाइये। छात्रों के प्रेम के समक्ष मालवीय जी को झुकना पड़ा और वे परिसर छोड़ कर नहीं गए। उन्होंने अपना निर्णय वापस ले लिया। 1940 में कुन्दन जी के अवसान के बाद मालवीय जी अकेले पड़ गए, शरीर धीरे-धीरे अशक्त हो रहा था पर देश सेवा का कोई काम न छोड़ते। सूर्य धीरे-धीरे अस्ताचल की ओर जा रहे थे। उधर माता जी को कष्ट देने में लक्ष्मी बाबू ने कोई कसर नहीं छोड़ी। अंतिम यात्रा के लिए यह बोझ माता जी उठा रही थीं। ससुराल से विदाई, चिता में अग्नि, हिन्दू समाज की परम्पराये निबाह रही थी। 1939 में दूसरा विश्वयुद्ध प्रारंभ हो गया। एक ओर मित्र राष्ट्र अमेरिका, रुस, इंग्लैण्ड आदि थे, दूसरी ओर धुरी राष्ट्र, 5 करोड़ जीवन की हानि हुयी। यह विश्वयुद्ध 6 सालों तक चला।

अमेरिका 8 सितंबर 1940 को विश्वयुद्ध में सम्मिलत हुआ। उस समय ब्रिटेन के प्रधानमंत्री विन्स्टेन्ट चर्चिल थे। 1944 में जापान ने असम में ब्रिटिश ठिकानों पर आक्रमण किया। इम्फाल और कोहिमा को जीत लिया। लोग फौज में धड़ाधड़ भरती हो रहे थे। लक्ष्मी सिंह भी नेवी में भरती हो गये। अपनी पत्नी दया और बच्चों को माता जी के हवाले करके। वे हमेशा घर की जिम्मेदारियों से अपने पूर्वजों की भांति भागना चाहते थे। राय साहब उस समय नेपाल में थे उन्होंने माता जी को पत्र लिखा। लक्ष्मी को भी समझाया कि अपने बच्चों का ध्यान रखें। माता जी अब बहुत कृशकाय हो गयी हैं। विश्व युद्ध भी चलता रहा। सोवियत यूनियन ने जर्मनी को रुस से खदेड़ दिया। युद्ध की खबरें आती रही पूरा घर चितिंत हो उठा। माता जी को अपने पति का पलायन स्मृति में रहा। बेचारी दया उसने क्या अपराध किया। वे अपने को ही इस विवाह का दोषी मानने लगी। मालवीय जी से निवेदन किया, किसी प्रकार लक्ष्मी सिंह नेवी की नौकरी छोड़कर वापस बनारस आए। जीप से दुर्घटना ग्रस्त हो गए थे सो मेडिकल के कारण नेवी से छुट्टी मिली। आकर कचहरी में नौकरी, कर ली। दिन भर कचहरी में नौकरी कमाई रात को कोठे पर गंवाई। लक्ष्मी बाबू ने माता जी को कष्ट देने में कोई कसर नहीं छोड़ी। कहते हैं कि सिगनेचर (हस्ताक्षर) और नेचर (स्वभाव) नहीं बदलते है। कहने को तो वे बनारस में थे, घर परिवार था, पर सारी चिन्तायें घुंघरुओं के झंकार में डूब जाती। आधी रात के बाद घर लौटते, दया धीरे से कुण्डी खोल देती कि माता जी की नींद में विघ्न न पड़े। माता जी जानकर भी अनजान बनी आंखें बन्द किए पड़ी रहती। गोपाल को अपने संग सुलाती। भरसक प्रयास करती कि बच्चे अपने पिता की छाया से दूर रहे। अच्छा संस्कार देने की चेष्टा करती। लक्ष्मी सिंह मन होता तो रात का खाना खाते अन्यथा थाली बाहर फेंकने की आवाज आती। अक्सर रबड़ी का दोना लेकर आते वही

खाकर सो जाते। दोनों बच्चे सहमे अपने पिता का तमाशा देखते। माता जी ने उन्हें असाध्य रोग की श्रेणी में रख दिया था। बस नन्हें गोपाल की मधुर आवाज से उन्हें शीतलता मिलती। एक बार तो दया की सहनशीलता की पराकाष्ठा हो गयी। घनघोर बारिश हो रही थी। लक्ष्मी बाबू को दमा की शिकायत थी, वह इस मौसम में बढ़ गयी थी, उखड़ती सांसों से जीना उतरना चाहा। रात कोठे पर ही बितानी थी। दया ने बहुत मनुहार किया। 'आज मत जाइये, मौसम बहुत खराब है। आपकी तबियत और बिगड़ जाएगी।' पुरुषत्व का खोखला दम; खांसते हुए बोला- हट जाओ, मुझे गेंदा बाई का ही खूबसूरत चेहरा देखना है न कि तुम्हारी काली परछाई, चला नहीं जा रहा था पर रट लगी थी जाना है। हार मान कर दया ने रहमान से गेंदा बाई को बुला कर लाने को कहा। स्वामी भक्त रहमान चुपचाप जाकर रूप जीवा को ले आया नीचे के कमरे में लक्ष्मी सिंह गेंदा बाई का नाच देखते रहे। रहमान ने सिर धुन लिया 'बहुरानी मंदिर को कोठा न बनाइये।' बेचारी बहुरानी जीवन की निर्ममता का कैसे सामना कर रही थी विरोध नहीं कर सकती थी। दो बच्चों का भी ख्याल था। किसी से शिकायत भी नहीं कर सकती बस निरीह गाय की तरह खूंटे से बंधी थी। बड़ी- बड़ी आंखों में विषाद की छाया तैरती रहती थी। केवल माता जी का अवलंबन था पर वे भी कब तक साथ दे सकेंगी। माता जी हमेशा बहू से कहती रोटी बनाने से पहले एक मुटठी आटा अलग दान पात्र में डाल दिया करो। जब वह घड़ा भर जाता तब वे दशाश्वमेघ घाट पर गरीबों में वितरित करा दिया करती। हर पूर्णिमा को सत्य नारायण जी की कथा करवातीं, घर में पूरी, सब्जी, खीर बनती। बहुत से दरिद्र नारायण आ जाते, उन्हें बड़े प्रेम से भोजन करवाती। बाल गोपाल को बहुत आश्चर्य होता- माता जी इतने लोगों को क्यों खाना खिलाती हो ? माता जी हंस देती- बेटा देने से कुछ कम नहीं होता है। यदि मनुष्य दान न करें तो उसमें और

पशु में क्या अंतर है ? पशु बस अपना पेट भरना जानता है, हम लोग समाज में रहते है, सबका भला तो नहीं कर सकते है, कुछ का तो कर सकते हैं। समय अपनी गति से चलता रहता है। देखते-देखते बच्चे युवा और युवक प्रौढ़ हो जाते हैं इंद्रिया शिथिल होने लगती हैं। माता जी भी अब थकने लग गयी थीं। महामना ने उनकी मदद के लिए सहायिका की नियुक्ति की। बाहर की टूटन से अंतर की टूटन गहरी होती है। युद्ध न खत्म हुई है न होगी। उधर विश्वयुद्ध चल रहा था इधर भारत में स्वतंत्रता संग्राम। भारत की सीमाओं पर भी आजाद हिन्द फौज ललकार रही थी। 1942 में रास बिहारी बोस ने आजाद हिन्द फौज का गठन जापान की सहायता से किया था। आरंभ में वे सैनिक आजाद हिन्द फौज के सिपाही बने जिन्हें जापान ने बन्दी बना लिया था। 5 जुलाई 1943 में नेता जी सुभाष चन्द्र बोस ने सुप्रीम कमांडर की हैसियत से स्वतंत्र भारत की अस्थाई सरकार बनायी। जिसे जर्मनी, जापान, फिलीपान्इस, कोरिया, चीन, इटली, मान्चुको और आयरलैण्ड ने मान्यता दे दी। जापान ने अंडमान और निकोबार द्वीप इस सरकार को दे दिए। 30 दिसंबर 1943 को भारतीय ध्वज फहराया गया। 4 फरवरी 1944 को भारतीय आजाद हिन्द फौज ने अंग्रेजों पर दुबारा आक्रमण किया और कोहिमा पलेल आदि को मुक्त करा लिया। 21 मार्च 1944, 'दिल्ली चलो' का नारा लगाती आजाद हिन्द सेना ने अपनी भारत भूमि की ओर कदम बढ़ाये। 22 सितंबर 1944, नेताजी सुभाष चन्द्र बोस ने अपने सैनिकों को ललकारते हुए कहा। हमारी मातृभूमि स्वतंत्रता की खोज में है *'तुम मुझे खून दो मैं तुम्हें आजादी दूंगा।'* यह स्वतंत्रता की मांग है। *'कदम-कदम बढ़ाये जा'* मार्च करती हुयी सेना आगे बढ़ने लगी। किन्तु दुर्भाग्य वश युद्ध का पासा पलट गया। जर्मनी ने हार स्वीकार कर ली। जापान पर अमेरिका ने अणुबम गिरा दिये। जान माल की क्षति देख जापान ने आत्मसमर्पण कर दिया। ज्यादातर इतिहासकारों

का मानना है कि आई.एन.ए. में 40,000 सैनिक थे। नेताजी की विमान दुर्घटना में मृत्यु हो गयी। स्वतंत्रता की मशाल धीमी न पड़ी' जलती ही रही। माता जी जैसे- जैसे कृशकाय होने लगी, लक्ष्मी उदण्ड होते गए। उनके मौन को भय समझ लिया गया। घर के पचड़ों से वे दूर ही रहना चाहती थीं। केवल बाल गोपाल की सेवा और गोपाल (पौत्र) की देख-रेख में ही रहती नीचे क्लीनिक में मरीज अवश्य देखतीं। थोड़े समय के लिए विश्वविद्यालय जाती। वहां उनकी सहायिका ने अपना कार्य संभाल लिया था। खाने में बस दलिया या खिचड़ी स्वयं बना लेती। एक दिन प्रातः वे दलिया बना रही थी कि लक्ष्मी वर्जिश कर दूध मांगने लगे। माता जी ने कहा बेटा दलिया बन जाए तब दूध गरम कर दूंगी। अब क्या था क्रुद्ध सांड की तरह लक्ष्मी घर से भागते हुए कादीपुर आजी की शरण में पहुंच गए। क्रोध में यह दूरी पता ही नहीं लगी। परिवार में हंगामा मच गया। अपनी ड्यूटी की इतनी परवाह कि बेटवा भूखा रह गया। आजी डंडा उठा उठाकर डॉ. को कोसने, गरियाने लगी। इतने पर भी ज्वाला न बुझी। कुछ लोगों को साथ लेकर विश्वविद्यालय के परिसर में आ गयी। डॉ. सिताबो अपने आफिस में बैठी फाइल देख रही थी। बाहर उनकी सास पता नहीं किस जन्म का बदला ले रही थी। क्रोध के वशीभूत होकर आजी को यह भी न दिखा कि वहाँ इतने उच्च पद पर हैं विश्वविद्यालय में उनका कितना सम्मान है। सबके सामने अपमानित करने में आनंद आ रहा था। अपने पैसे का घमण्ड मत दिखलाओ मैं थूकती हूँ तेरी कमाई पर। अरे हमरे तो ढाई बीघा पुदीना सूखते हैं।' दास महाशय ने आजी को शांत करने की बड़ी चेष्टा की। जितना उन्हें समझाते उतना ही वृद्धा उछलती। डॉ. सिताबो अविचल शांत बैठी रही। छात्रायें भी एकत्रित हो गयी थी। डॉ. साहब कुछ बोलती क्यों नहीं। गार्ड को बुलाकर इन सब लोगों को बाहर

करवा दें। लड़कियों में उत्तेजना बढ़ रही थी। माता जी ने उन्हें चुप करा दिया धीमे स्वर में आदेश दिया अपने कमरे में जाओ। जैसे शिशुपाल के दुर्वचन भगवान कृष्ण चुपचाप बैठे सुन रहे थे उसी तरह सिताबो भी अपने परिवार वालों के द्वारा लगाये लांछन सह रही थी। आखिर कृष्ण की अनन्य भक्त जो थी। आजी बक-झक कर शांत हो गयी। अब सिताबो ने धीमे स्वर में पूछा- *'तो आप लोगों को कुछ न चाहिए।'* हाँ-हाँ तुम्हारी जायदाद से हमें कुछ न चाहिए। ठीक है। डॉ. सिताबो ने गहरी सांस ली। दास महाशय की मदद से पियरी वाले मकान को छोड़कर सारी जायदाद दान में लिख दी गयी। सुदर्शन चक्र चल गया। क्रोध चिंगारी बन कर भड़कता है और दावानल बन कर सब जला डालता है। पियरी वाला मकान भी उन्होंने दया के नाम कर दिया। बच्चों की शिक्षा और विवाह के लिए अलग रकम रखी। दया से बोली- बहू तुम्हारे भर को बहुत, छोड़े जा रही हूँ ज्यादा होगा तो लक्ष्मी उड़ा देगा। मकान का निचला हिस्सा किराये पर दे देना ऊपर तुम लोग रहना। मेरे कृष्ण गोपाल की सेवा अवश्य करना। दया बेचारी क्या कहती ? रात दिन माता जी का अपमान भी देखा नहीं जा रहा था। जून में शिव मोहन के पुत्र पैदा हुआ। माता जी के ही कुशल हाथों से बच्चे का जन्म हुआ। पौत्र के जन्म पर दादी जी ने खूब सोहर गवाई। माता जी को पता था कि सौतेली सास है अतः जच्चा के लिए वे स्वयं फल-मेवा आदि भिजवा देतीं। पूर्वी उत्तर प्रदेश में बरही का अनुष्ठान बहुत जोर-शोर से किया जाता है। राय साहब ने दिल खोल कर खर्च किया। पूरी बिरादरी को भोज दिया गया। मित्रों रिश्तेदारों ने आर्शीवाद दिए। बच्चे के छोटे दादा नाच- गाने के शौकीन थे, अतः रात को महफिल भी सजी। जिसमें घुंघरुओं की छनक और तबले की धमक बराबर चलती रही। बनारसी खाने-पीने और संगीत के बड़े प्रेमी होते हैं। उस्ताद बिसिमिल्लाह खाँ की शहनाई आज तक गूंज रही है।

1946 के प्रारंभ में प्रांतीय विद्यान मंडली के लिए नए सिरे से चुनाव किए गए। कांग्रेस को बहुमत मिला। मुसलमानों को आरक्षित स्थान पर विजय मिली। कानपुर में शिव मोहन का शिशु झूले से गिर गया उसे बचाया न जा सका। जब सूचना पियरी पहुंची तो रोदन मच गया। माता जी बहुत ही अस्वस्थ थी उन्हें पता चला कि शिशु नहीं रहा वे यह चोट सह न पायी, अपने कान्हा को पुकारा। माय के का कष्ट बेटी को विचलित कर देता है। बीमार सास को छोड़कर कैसे जाये। बच्चों तुम लोग दादी के पास बैठो मैं अभी आती हूँ। नाना के घर से रोने की आवाजें आ रही है। जब लौटकर आयी। गोपाल बोला, बहु तुम्हारे जाते ही दादी सो गयी। बड़ी गहरी नींद है इसलिए मैं और जिजिया बाहर आ गए। दया ने जाकर देखा वह कभी न टूटने वाली नींद थी। हमेशा के लिए सो गयी थी। संघर्ष करते-करते थककर प्रभु की गोद में शांति मिल गयी। चिर शांति। विश्वविद्यालय की सैकड़ों छात्रायें आई, विधवा श्रम की महिलायें, अनाथालय के बच्चे फूट-फूटकर रो रहे थे। अंतिम यात्रा बनारस के मणिकर्णिका घाट पर पूरी हो गयी। मालवीय जी स्वयं शिथिल हो गए थे उन्होंने इस तपस्वनी महिला को वहीं से प्रणाम किया। 14 जून, 1946 को माता जी का स्र्वगारोहण हुआ। उनकी इच्छा को पूर्ण करते हुए बनारस मेडिकल कालेज के हजारों छात्र डाक्टर बन देश की सेवा कर रहे हैं। उनके नाम से विश्वविद्यालय में छात्रवृति दी जाने लगी। 12 नवंबर 1946, महामना मालवीय जी का देहावसान हो गया। एक युग की समाप्ति। वे अपने नहीं बल्कि देश के लिये समाज के लिए जिये।

आशा सिंह

Important dates of Sitabo bai

Born & 6th Aug 1925 विक्रमी संवत

Father's Name – बाबू राम प्रसाद सिंह

विवाह – मौजा कादीपुर जिला बनारस

छात्रवृति के सहारे 8th Pass किया

Medical College में डाक्टरी की परीक्षा

पहले जबलपुर

उदयपुर

निराश होकर तीर्थ यात्रा पर चली गयी, लाहौर गयी वहाँ के स्त्री समाज से प्रभावित हुई। 10 वर्ष वहाँ काम किया 1918 में बड़ी बहन का स्वर्गवास हो गया। दत्तक पुत्र उन्हें वापस बनारस ले आए 6.3.1911 डॉ. के पद पर 2.7.1921 L.M.P Agra 8th Aug 1904 रजिस्ट्रेशन – 1925 Elagin Hospital Jabalpur - 17.8.1914, 17 July 1941

21.7.1938. बिजली का बिल BHU

28.8.1981 letter by English friend

18.5.1927 Letter of Madan Mohan Malviya

Saving Bank Account Allahabad 31.3.1931

July 3, 1937 - donation of 600/-

6000/- मकान बनवाने के लिए दिए

अनाथालय की जमीन का मुकदमा चल रहा है।

VICE-CHANCELLOR'S LODGE
BENARES HINDU UNIVERSITY.

३६ लिटन रोड
देहरादून
१८-५-१९३७.

श्रीमती माताजी,

श्रीमती यशोदा देवी से मुझसे बातचीत हुई। वह इस बात पर राज़ी हो गई हैं कि एक साल प्रोबेशन पर काम करें और १००) तलब के सिवाय उनको २५) माहवारी अलाउंस दिया जाय। प्रोबेशन के समय के उपरान्त जब वे कनफ़र्म होंगी तो उनकी तलब का विचार फिर से किया जायगा। मुझे पूरी आशा है कि आपकी सलाह और सहायता के साथ वे Lady Superintendent का काम बहुत अच्छी तरह कर सकेंगी। आपसे यह कहने की आवश्यकता नहीं है कि आप उनको सब आवश्यक सलाह और सहायता देती रहियेगा।

मैं आशा करता हूँ कि आप स्वस्थ और प्रसन्न हैं।

आप का हितचिंतक
मदन मोहन मालवीय.

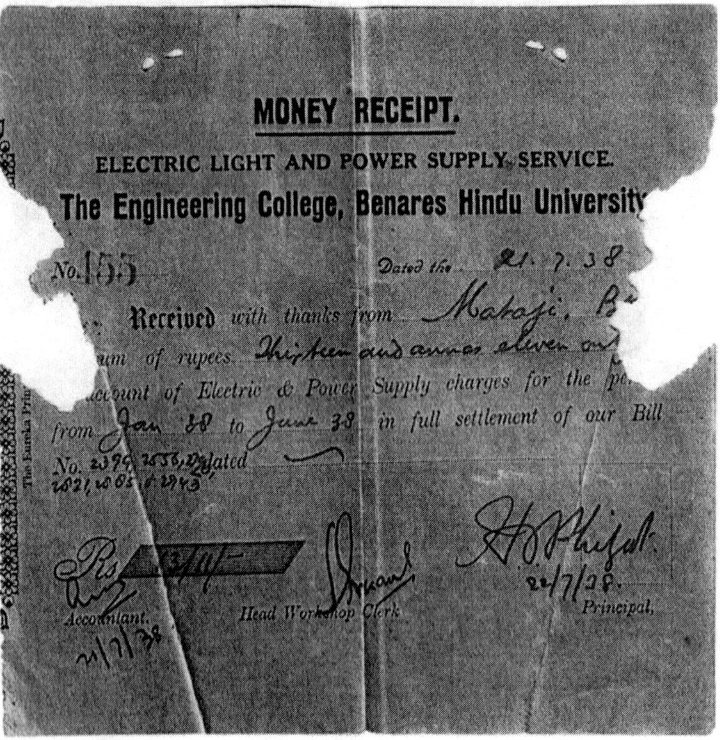

MONEY RECEIPT.

ELECTRIC LIGHT AND POWER SUPPLY SERVICE.

The Engineering College, Benares Hindu University

No. 155 Dated the 21.7.38

Received with thanks from Mataji, B...

...um of rupees Thirteen and annas eleven only

...account of Electric & Power Supply charges for the pe...

from Jan 38 to June 38 in full settlement of our Bill

No. 2399, 2556, ... dated

Rs 13/11/-

Accountant. Head Workshop Clerk Principal.

21/7/38 22/7/38

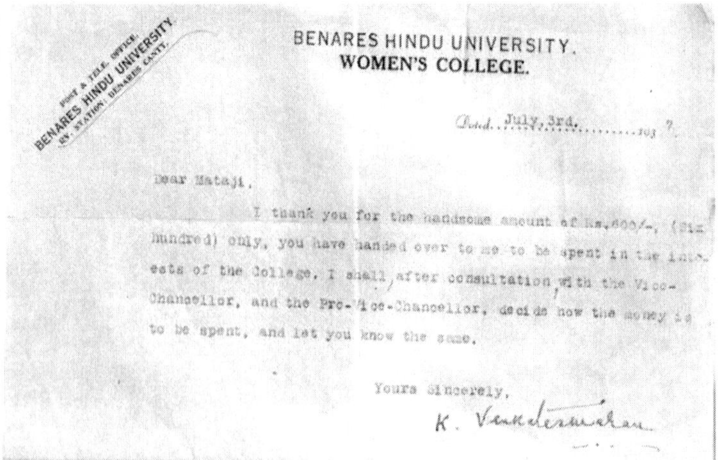

POST & TELE. OFFICE. BENARES HINDU UNIVERSITY. RY. STATION: BENARES CANTT.

BENARES HINDU UNIVERSITY.
WOMEN'S COLLEGE.

Dated July 3rd, 193 7.

Dear Mataji,

I thank you for the handsome amount of Rs.600/-. (Six hundred) only, you have handed over to me to be spent in the interests of the College. I shall, after consultation with the Vice-Chancellor, and the Pro-Vice-Chancellor, decide how the money is to be spent, and let you know the same.

Yours Sincerely,

K. Venkatesan

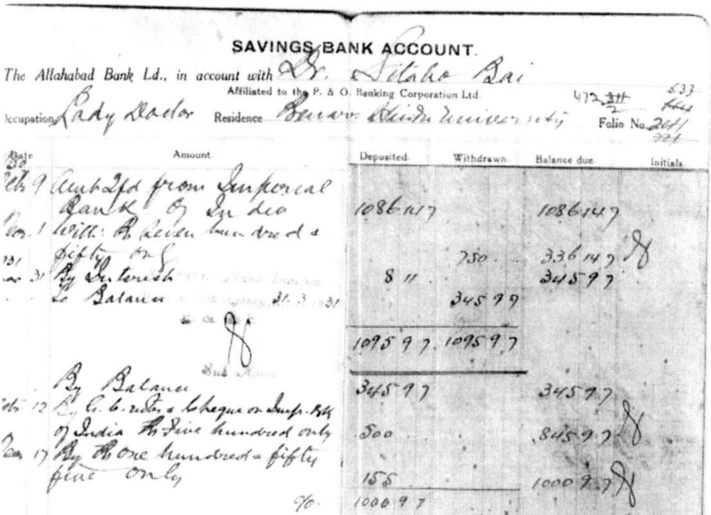

SAVINGS BANK ACCOUNT.

The Allahabad Bank Ld., in account with Dr. Sitabo Bai

Affiliated to the P. & O. Banking Corporation Ltd.

Occupation Lady Doctor Residence Benares Hindu University Folio No. 264

Date	Amount	Deposited	Withdrawn	Balance due	Initials
Feb 9	Amt Trfd from Imperial Bank of India	1086 14 7		1086 14 7	
Nov 1	With: Rs seven hundred & fifty only		750	336 14 7	
Mar 31	By Interest	8 11		345 9 7	
	To Balance 31.3.31		345 9 7		
		1095 9 7	1095 9 7		
	By Balance	345 9 7		345 9 7	
Feb 12	By C. cash & cheque on Imp. Bk of India Rs Five hundred only	500		845 9 7	
Jan 17	By Rs One hundred & fifty five only	155		1000 9 7	
	c/o	1000 9 7			